CALA Y CRUZ

Las dos caras de

LA COMUNICACIÓN

Ismael Cala | Camilo Cruz

CALA Y CRUZ
Las dos caras de
LA COMUNICACIÓN

Habla con seguridad.
Escucha con propósito.
¡Triunfa en grande!

TALLER DEL ÉXITO

Publicado por:
Taller del Éxito, Inc.
1669 N.W. 144 Terrace, Suite 210
Sunrise, Florida 33323, U.S.A.
www.tallerdelexito.com
Editorial dedicada a la difusión de libros y audiolibros de desarrollo personal, crecimiento personal, liderazgo y motivación.
Diseño de carátula y diagramación: Gabriela Tortoledo
Edición y corrección de estilo: Nancy Camargo Cáceres

ISBN 10: 1-607383-63-2
ISBN 13: 978-1-60738-363-5

Printed in the United States of America
Impreso en Estados Unidos

15 16 17 18 19   R| UH   06 05 04 03 02

Índice

Tercera parte:
saber comunicarse

Cuarta parte:
lenguaje corporal

Introducción

¿En qué piensas cuando escuchas la expresión "comunicación efectiva"?

Es muy probable que lo primero que venga a tu mente tenga que ver con la importancia de saber comunicar con seguridad y entusiasmo tus ideas, pensamientos, emociones o sentimientos. Aunque también es posible que le des mayor importancia a tu capacidad para escuchar con empatía ya que, si eres un buen comunicador; pero no sabes escuchar, corres el riesgo de comunicar de manera elocuente cosas que a lo mejor no le interesen a tu interlocutor.

En todo caso, sea cual sea tu definición, la cuestión es que la comunicación efectiva va mucho más allá de hablar con propiedad o escuchar con atención —las consabidas dos caras de la comunicación— ya que, incluso sin pronunciar una sola palabra, el ser humano siempre está comunicando algo a través de su postura física, apariencia personal, manera de vestir o sus gestos. De hecho, como veremos más adelante, el lenguaje corporal tiene un mayor impacto en quien escucha que el mismo discurso hablado, pues, si lo que comunicas a través del lenguaje de tu cuerpo o tus gestos contradice aquello que expresa tu mensaje verbal, terminarás por transmitir desconfianza y confusión.

Sin duda, comunicar de tal manera que podamos influir positivamente en los demás significa expresar nuestras ideas con convicción y confianza; aprender a prestar total atención y escuchar con empatía a nuestro interlocutor cuando es su turno de hablar; y entender que, cuando hablamos, todo nuestro cuerpo habla. Dominar estas tres habilidades requiere de práctica, pese a que a menudo hay quienes piensan que la comunicación es un acto que se da de manera natural y espontánea; que depende de la personalidad y rasgos hereditarios y que no hay mucho que podamos hacer para mejorarla. Pero lo cierto es que, como descubrirás a lo largo de esta lectura, sí hay mucho por aprender cuando se trata de convertirnos en mejores comunicadores. Y todo comienza entendiendo los diferentes aspectos de la comunicación.

Más de una docena de investigaciones realizadas por varias universidades e instituciones durante los pasados 50 años han encontrado que la persona en edad adulta ocupa un promedio de 16 horas diarias comunicándose. El 45% de ese tiempo, lo emplea escuchando; el 30%, hablando; el 16%, leyendo y el 9% restante, escribiendo. A esto debemos agregar el hecho de que nuestro lenguaje corporal —postura, apariencia, gestos, mirada— siempre está comunicando una emoción, actitud o estado mental.

Ahora bien, si el 75% de la comunicación diaria está centrado en escuchar y hablar, es allí donde deberíamos centrar gran parte de nuestra atención durante los años de formación escolar, ¿no es cierto? Sin embargo, por absurdo que parezca, dichas capacidades comunicativas pasan relativamente desatendidas mientras que el mayor interés parece estar en cerciorarnos de que los niños aprendan sobre todo a leer y escribir. Esto hace que la mayoría de las personas llegue a la edad adulta no muy bien equipada en lo que respecta a las dos habilidades que más influyen en su capacidad para desarrollar relaciones positivas: escuchar y hablar.

Es indudable que la interacción humana tiene éxito o fracasa como resultado directo de la habilidad para comunicarnos. La comunicación pobre limita la efectividad de cualquier tipo de actividad; produce caos, confusión, agotamiento y desmotivación.

La comunicación tiene una función trascendental en la vida de pareja, determina el tipo de relación con los hijos y, en general, influye en la capacidad para relacionarnos con nuestro entorno. Es innegable que aprender a comunicar con eficacia juega un papel de enorme importancia en la vida personal, familiar y profesional.

A nivel empresarial, la capacidad para comunicarnos de manera asertiva es fundamental en el funcionamiento dinámico de cualquier organización y juega un papel preponderante en todas y cada una de las actividades diarias de la compañía: el trabajo en equipo, las ventas, la atención y el servicio al cliente, la delegación de responsabilidades, el proceso de negociación o el desarrollo de reuniones y planes de trabajo. Sin lugar a dudas el éxito de cualquier empresa y organización depende de que la misión, los valores corporativos y las metas y objetivos de la misma hayan sido comunicados con total claridad a todos y cada uno de los miembros del equipo.

El hecho es no quedarse en el acto de informar. Es esencial comunicar. Y no se trata solo de ser comunicadores amenos, de hablar con precisión o ser buenos escuchas. La cuestión es saber desarrollar las habilidades necesarias para comunicar con poder, entusiasmo y efectividad cualquier mensaje y bajo cualquier circunstancia. Es importante hacer énfasis en esto porque, si bien es cierto que no se requiere de grandes habilidades para transmitir buenas noticias a un grupo altamente motivado, ¿qué hacer entonces cuando el objetivo no sea tan sencillo y nuestro interlocutor no se muestre muy receptivo? ¿O cuando el reto consista en corregir un problema interno en la empresa, en solucionar un conflicto entre dos miembros de un equipo de trabajo, en lograr que los hijos demuestren una actitud receptiva a los consejos o en saber argumentar frente a las objeciones de los clientes para que respondan de manera favorable a nuestra oferta?

Como descubrirás a lo largo de este libro, comunicar no es solo cuestión de hablar claro, también es saber escuchar con empatía, es aprender a identificar las emociones y estados de ánimo que complementan lo que estás diciendo; es saber que, cuando hablas, todo tu cuerpo habla. Evita caer en la trampa de creer que comunicar es solo informar. Si lo que buscas es informar, un correo electrónico, un volante o una nota serán suficientes. Pero, si de lo que se trata es de obtener una respuesta de tu interlocutor, es necesario que entiendas que, a diferencia de cualquier mensaje escrito, cada ser humano le agrega al acto comunicativo un componente emocional único que determina qué tan bien sea comprendido y aceptado el mensaje que envía.

De hecho, en lo que a las relaciones humanas se refiere, es imposible dejar de comunicarte ya que hasta el mismo silencio dice algo, transmite un sentimiento, una emoción o una actitud mental específica.

Ahora bien, comunicar en público con efectividad es mucho más que contar con el talento para colocarse frente a un grupo de personas y deslumbrarlas con el uso impecable de una retórica digna del mejor orador. Tampoco requiere que seas erudito en el dominio del idioma y que sepas con exactitud todas las normas y reglas que rigen su uso. Lo que persigues es lograr transmitir tus ideas y sentimientos clara y asertivamente, de tal modo que los oyentes perciban tu convicción sobre dichas ideas. Buscas entender y ser entendido, y esto solo lo logras haciendo uso de tus fortalezas y evitando que tus debilidades se conviertan en un obstáculo para dar a entender tu mensaje.

La mayoría de libros sobre el tema de comunicación efectiva suele concentrarse en las estrategias para hablar en público, en el uso correcto de las palabras o en diferentes técnicas para modular o proyectar la voz. Sin embargo, comunicar con fuerza, entusiasmo y efectividad es mucho más que eso. Si observas con detenimiento a aquellos hombres y mujeres que han moldeado la Historia de la Humanidad, ya sea influyendo en la manera de pensar de los demás, logrando el apoyo de otros en la creación de grandes empresas o persiguiendo sueños e ideales que afectaron el destino de millones de personas, es innegable que existe entre ellos un común denominador: su talento es una combinación de poder de convencimiento, entusiasmo y pasión. Existe en ellos un estilo comunicativo que proyecta fuerza, claridad, confianza, transparencia, dinamismo, fe y carisma —cualidades a las que muchos se refieren con una sola palabra: convicción.

Y aunque el carisma no es siempre una constante entre todos estos líderes, lo que sí es evidente es que ha sido la profunda convicción de sus ideales y principios la que ha hecho de ellos grandes comunicadores. Benito Juárez, por ejemplo, era un hombre reservado a quien algunos de sus biógrafos han tildado como un líder político sin mucho carisma; una persona impasible, de una enorme frialdad cuando se refería a acontecimientos políticos. Sin embargo, la convicción de sus principios logró darle a México la entereza cívica y la pasión política necesarias para salir adelante en uno de los momentos más difíciles de su historia. Como resultado de ello, su lucha por la defensa de los Derechos Humanos le sirvió de ejemplo a otros países latinoamericanos.

Esta misma convicción es la que se observa en personajes como Winston Churchill, con sus legendarios discursos que mantuvieron en alto la moral de toda una nación en medio de la guerra; o en la Madre Teresa de Calcuta, quien, con su mensaje de amor y entrega, conmovió a millones de corazones que se unieron a su causa; o en el coraje que inspiraron en sus ejércitos los precursores de la independencia de muchas naciones; o en la manera como Mahatma Gandhi o Martín Luther King movieron multitudes con sus ideas. Y este mismo nivel de persuasión se hace evidente en muchos líderes empresariales como Steve Jobs, de Apple; Arianna Huffington, del Huffington Post; Richard Branson, de Virgin Atlantic; Oprah Winfrey; Jeff Bezos, de Amazon y muchos otros que han logrado posicionar sus empresas y ganarse el respeto y aprecio de sus clientes, empleados, inversionistas y seguidores por igual.

Pero, si bien al leer muchos de estos nombres de líderes, tendemos a enfocarnos en su estilo comunicativo, no sería sabio ignorar el hecho de que gran parte de su éxito también ha sido el resultado de saber escuchar. En tal sentido, es obvio que existan dos tipos de personas: las que preguntan y escuchan y las que ya creen tener todas las respuestas. Las primeras, han aprendido a prestar atención porque están tratando de encontrar respuestas y van en busca de la verdad; las otras, creen ser dueñas de la verdad y, por tanto, no consideran necesario escuchar otros puntos de vista diferentes.

En esta era, para escuchar necesitamos vencer grandes retos dado que las nuevas tecnologías nos han convertido en pobres escuchas. Creemos ser capaces de realizar múltiples tareas al mismo tiempo, pero en realidad no le prestamos atención a ninguna; tratamos de hablar y escuchar a la vez, pero, en realidad, no hablamos, solo oímos y alternamos ambas capacidades. El cerebro funciona a tal velocidad que todo lo queremos de inmediato y nos hemos vuelto impacientes al momento de escuchar.

Quizás uno de los mayores obstáculos con respecto a escuchar de manera activa es nuestra limitada capacidad de atención, producto del Internet y los nuevos canales de comunicación que nos han condicionado a que la información sea presentada en segmentos cada vez más breves. Si el artículo noticioso es de más de un par de párrafos, el video sobrepasa los tres minutos o el mensaje excede los 140 caracteres, corremos el peligro de perder la atención de nuestro interlocutor. La capacidad del aldulto para concentrarse en un estímulo es de ocho segundos, según investigaciones. Los seres humanos realizamos un esfuerzo consciente por escuchar, pero, ¿lo conseguimos? Lo que en realidad hacemos es oír, registrar y responder de cualquier manera para no parecer maleducados. Es una conducta que nos convierte casi en autómatas.

Por esta razón, aprender a escuchar con atención y comunicar sus ideas en público con convicción y efectividad debe ser prioridad para los dirigentes empresariales que buscan liderar equipos de trabajo productivos; para todos los profesionales en el campo de las ventas en un mercado donde una de las pocas ventajas competitivas es la atención y el servicio al cliente; y para todos aquellos que saben que la comunicación efectiva es la diferencia entre ascender en la empresa o quedarse relegados.

Para los millones de empresarios independientes y emprendedores que hoy construyen negocios y organizaciones a lo largo y ancho del planeta comunicar las características, ventajas y beneficios de sus empresas, productos y servicios con entusiasmo es el camino hacia un mayor número de clientes y asociados, un volumen de ventas superior y un negocio exitoso.

A nivel personal, comunicarnos de manera efectiva contribuye a tener una relación de pareja plena y gratificante ya que una de las causas de divorcio es la pobre comunicación. También es igual de importante para los padres de familia que buscan influir positivamente en sus hijos puesto que los ayuda a inculcar en ellos los valores y principios que guiarán sus vidas, de tal manera que no sea la televisión, ni sus compañeros de escuela o alguno de los autoproclamados ídolos públicos los que siembren en ellos los valores básicos que los orientarán.

Sin duda, las ideas y estrategias que encontrarás a lo largo de este libro serán de gran ayuda para descubrir y desarrollar todas las cualidades del gran comunicador, las cuales, con toda certeza, ya se encuentran dentro de ti.

Primera parte

Retos, metas y obstáculos

1

La comunicación en el ámbito empresarial

"Los diferentes medios de comunicación nunca serán
un sustituto de la interacción con alguien que aliente
con su alma a otra persona a ser valiente y honesta".
—Charles Dickens

¿Qué tan importante es la comunicación eficaz para el éxito de tu empresa?

El economista italiano Wilfredo Pareto postuló la que hoy se conoce como la Regla del 80-20. En el campo de los negocios esta regla estipula que el 80% de las ventas por lo general es realizado por el mismo 20% de los vendedores. Como resultado de ello, la persona promedio que pertenece a ese 20% más productivo gana más o menos 16 veces más que la persona promedio del 80% restante.

Lo interesante es que, una y otra vez, diferentes estudios han demostrado que los vendedores más productivos son apenas un poco mejores que los demás en ciertas áreas críticas cuyo dominio es esencial para el éxito en las ventas, y que ignorar cualquiera de ellas resulta desastroso para su profesión. Vale la pena destacar que la mayoría de dichas áreas tiene que ver con la comunicación eficaz: actitud personal, conocimiento del producto, desarrollo de una presentación adecuada, identificación de las necesidades del cliente, saber cómo darles respuesta a sus objeciones, ayudarle a tomar la decisión de comprar, hacer el cierre de la venta y el seguimiento certero y oportuno del cliente.

La importancia de la comunicación no se limita al área comercial, sino que es vital en cualquier profesión. De hecho, la Universidad de Harvard y la Fundación Carnegie encontraron que solo el 15% de las razones por las cuales una persona triunfa en su profesión, escala posiciones dentro de su empresa y sale adelante en su campo tiene que ver con sus habilidades profesionales y conocimientos técnicos. El otro 85% restante de las razones para su triunfo tiene que ver con su actitud personal, nivel de motivación y capacidad para desarrollar relaciones positivas.

Lo cierto es que todas las actividades de la empresa se ven influenciadas por la habilidad de todos los miembros de la organización para comunicarse con efectividad. Tanto así que, entre las cualidades infaltables que buscan las empresas modernas al momento de contratar a sus altos ejecutivos, la capacidad para comunicarse con eficacia se encuentra a la cabeza de la lista. Es más, hace algunos años, cuando el Dr. Harold Smith, de la Universidad de Brigham Young, buscaba la manera de asignarles cierta prioridad a las diferentes habilidades necesarias para la administración empresarial eficiente, decidió realizar una encuesta entre todos los miembros de la Academia de Gerentes Administrativos Certificados de Estados Unidos.

En dicha encuesta se les pidió a todos estos dirigentes empresariales que identificaran las habilidades que, a su modo de ver, eran las más importantes en su trabajo. Quiero que les prestes atención a las 10 aptitudes y habilidades que ellos identificaron como las responsabilidades más importantes del dirigente empresarial moderno:

○ Saber escuchar.

○ Dar instrucciones claras y efectivas.

- ° Identificar y solucionar problemas o situaciones conflictivas.

- ° Reconocer a sus colaboradores por los resultados obtenidos.

- ° Delegar responsabilidades de manera eficaz.

- ° Saber escribir.

- ° Comunicar las decisiones y objetivos a su equipo de trabajo.

- ° Ser efectivo en la comunicación oral.

- ° Explicar sus funciones a los nuevos miembros de su equipo.

- ° Obtener retroalimentación de sus clientes internos y externos.

Como ves, las 10 aptitudes que, según estos gerentes, son fundamentales para obtener grandes resultados, son en esencia diferentes formas de comunicación.

De hecho, si le preguntas a cualquier gerente o administrador cuál consideraría como uno de los principales problemas que se presenta en cualquier organización, es casi seguro que te responderá: la mala comunicación.

Los gerentes de alto nivel utilizan el 80% de su tiempo comunicándose en una forma u otra con sus empleados, compradores, proveedores y clientes. De modo que resulta obvia la importancia de cultivar las capacidades de comunicación interpersonal. Si tú no eres un buen comunicador, vas a enfrentar un gran reto como empresario puesto que las empresas no son más que personas. Cuando hablamos de los diferentes procesos de la empresa, en realidad nos estamos refiriendo a las personas. Tu empresa no tiene una división de ventas, ni un departamento de producción, ni una unidad de diseño, sino personas que venden, producen o diseñan.

Por lo tanto, el éxito de tu empresa u organización depende de que estas personas cuyas actividades son interdependientes logren trabajar de manera coordinada, lo cual requiere que tú, como líder del equipo, sepas comunicarte y escuchar de manera efectiva. Este útimo aspecto es tan importante que de acuerdo con algunos investigadores, la mitad del salario o de los ingresos devengados por un empresario están directamente ligados a su capacidad para escuchar.

Plan de acción:

Es importante entender que una comunicación deficiente dentro de la empresa suele tener consecuencias graves: pérdida de dinero y clientes, bajo rendimiento de los empleados, clima laboral indeseado, etc. He aquí tres ideas que te permitirán mejorar la comunicación en tu organización:

1. Asegúrate de que cada miembro de tu equipo tenga claro desde el principio cuál es la misión y visión de la empresa; que todos identifiquen cuáles son las metas a corto y largo plazo. En otras palabras, necesitas lograr que tus colaboradores entiendan el porqué de su trabajo y cómo ellos contribuyen al éxito de la empresa. Y la mejor manera de lograr todo esto es transmitiéndoles la pasión que tú, como líder, sientes por tu trabajo.

2. Determina si en realidad hay comunicación bidireccional en tu empresa, si la información fluye de arriba abajo y viceversa. Haz un estudio sobre el estado de comunicación existente para ver qué proceso o procedimiento debes mejorar.

3. Es recomendable realizar reuniones frecuentes con todo el equipo para asegurarte de que las cosas vayan bien. Una de las recetas para la comunicación efectiva es mantener a todos los miembros del equipo informados sobre las metas, los logros y nuevos proyectos, y escuchar sus quejas y sugerencias.

2

Timidez e inseguridad: los grandes enemigos de la comunicación asertiva

"La mejor manera para superar la timidez es llegar a estar
tan involucrado en lo que hagas que se te olvide el miedo".
—Lady Bird Johnson

El baúl de dudas y milagros de Ismael Cala

En 1995 tomé decisiones importantes en mi vida. Antes había trabajado como presentador de radio y televisión en Santiago de Cuba y como animador en un hotel. Entonces decidí seguir mi camino e ir más allá de lo que había probado hasta ese momento. Me veía a mí mismo como a un explorador, previendo rutas para hallar mi lugar, misión y propósito. Tenía confianza en el futuro aunque no supiera con exactitud cómo se desenvolverían los acontecimientos. Sentía algo dentro de mí que me decía: "Sigue, avanza".

Fue así como me propuse ingresar a la Escuela Internacional de Animación Turística de La Habana, bastante lejos de mi natal Santiago de Cuba. En ese centro se formaban animadores que luego trabajarían en las instalaciones turísticas de la isla. Recuerdo que el examen consistía en una entrevista oral con preguntas sobre cultura general y cubana seguida de pruebas físicas de baile y deporte. Debido a mi extrema timidez e inseguridad nunca me había imaginado en tales actividades, pero sabía que con el curso me enfrentaría a mis pensamientos limitadores y a mis grandes dudas.

Busqué ayuda y apoyo de colegas y amigos para prepararme en cada área: Literatura, Historia, Inglés, Danza y Deportes, entre otras. Los entrenamientos resultaron bastante duros. Y a pesar de mis esfuerzos y preparación, las dudas llegaban cada noche, antes de dormir puesto que sabía que el inglés nunca había entrado en mi mente de manera orgánica, ni siquiera teniendo una profesora particular. Y además, tampoco antes había bailado y ahora solo sentía terror al hacerlo frente a un jurado. A veces, en medio de las prácticas, algunos no lograban entender que alguien nacido en Cuba padeciera de tal incapacidad para bailar. Pero las razones eran evidentes para mí: fui un niño paralizado por la duda, con pánico al ridículo y al fracaso. Y aun así... al cumplir los 25 años me atreví a autoconfrontarme.

Con el examen, por fin llegó el momento de la verdad: enfrentarme al público, por primera vez, con todos esos miedos, limitaciones y dudas. Los entrevistadores me preguntaron por qué quería entrar a la escuela. Tuve que armarme de mucha seguridad y respondí: "Porque creo que soy el mejor candidato para aprender lo que ustedes me van a enseñar; para confrontar mis miedos; y, después de nueve meses, para terminar como el mejor estudiante que la escuela haya tenido. Tengo mis fortalezas y debilidades. He trabajado para superar mis temores y enfrentar este examen, pero sé que en la escuela ustedes tendrán la sabiduría de convertirlos en habilidades".

Cuando llegó el momento de bailar se me ocurrió decir que yo era el perfecto animador para hacer mover a un canadiense, un alemán o un chino porque entendía su arritmia al tratar de disfrutar de la música tropical. Recuerdo que imité cómo un canadiense bailaría el mambo, pero sin demasiado esfuerzo porque mi descoordinación era natural. Los expertos se rieron con mi actuación. Luego esperé la respuesta. Fue difícil acallar las voces internas que me juzgaban por lo que había hecho y dejado de hacer.

Al día siguiente nos reunieron —a los más de 15 aspirantes. Solo uno de nosotros sería escogido. Cuando la presidenta del jurado dijo mi nombre entendí que todo es posible si solo estamos dispuestos a confrontar nuestros miedos. Lo mismo sucede con el reto de hablar en público.

De esta experiencia aprendí unas cuantas lecciones. Conseguí escuchar mis temores y comencé a preguntarme por qué tantas dudas invadían mi mente. Después de muchos años he llegado a comprender que las dudas son una de dos cosas: voces caóticas que nos inmovilizan o gritos de guerra que nos llaman a la acción para prepararnos mejor.

La bitácora de temores y aciertos de Camilo Cruz

¿Quién cuenta con todas las facultades necesarias para ser un gran comunicador? ¿Hay manera de descubrir quién posee las aptitudes innatas para llegar a convertirse en un orador carismático y efectivo? ¿Es el don de la palabra algo genético que solo unos pocos afortunados han tenido la suerte de heredar?

Hoy, sin temor a equivocarme, estoy en plena capacidad de asegurar que los grandes comunicadores no nacen, se hacen. Todos podemos comunicarnos en público con entusiasmo y efectividad. ¡Sí, todos!

A pesar de que hablar en público es parte significativa de mi profesión, la relativa facilidad que tengo hoy para hacerlo fue una habilidad que tuve que aprender y desarrollar a través del tiempo. Aún recuerdo la primera conferencia a la que fui invitado a hablar. Empezaba el año de 1990 y me disponía a dirigirme frente a un grupo de 25 gerentes y directores de la región del Caribe pertenecientes a una empresa multinacional. Mi intervención sería la manera como la compañía iniciaría un fin de semana de planeación estratégica, metas y proyectos por cumplir durante el nuevo año. La etapa que acababa de terminar había sido la mejor en la historia de la empresa, así que todos estaban muy entusiasmados y expectantes con los objetivos que se trazarían para el nuevo periodo. Se respiraba un aire de triunfo y optimismo. Todos seguros. Todos, menos yo.

Recuerdo que no conseguí salir de detrás del podio por miedo a que alguien notara cuánto me temblaban las piernas. Ni yo mismo entendía qué me estaba sucediendo. Había preparado el material con gran cuidado, sabía lo que quería decir, y pese a que la charla sería en inglés, tenía la certeza de que mi acento no sería ningún problema. Me había asegurado de estar bien informado sobre la visión y logros de la empresa, así que debí haber estado seguro y tranquilo. Sin embargo, cuando llegó el momento de mi intervención, me invadió un pánico que no lograba explicarme. Un miedo irracional y sin sentido. Y aunque no recuerdo todos los pormenores de aquella presentación, lo que sí no olvido es que hablé tres horas sin tomar ni un sorbo de agua porque, cuando quise hacerlo, el temblor de mis manos fue tal que la derramé sobre mis notas.

Después de mi presentación, cuando subí a mi cuarto del hotel, me cuestioné seriamente si sería capaz de salir adelante en este nuevo emprendimiento. La verdad, no contaba con el pánico que me produciría hablar en público. Fueron días de muchas dudas. La seguridad que tenía meses atrás —antes de aquella primera charla— sobre mis ideas y mi capacidad de influir sobre los demás se había esfumado. Sin embargo, días más tarde el presidente de la empresa para la cual realicé aquella conferencia me envió una carta. Y cuando por fin tuve el coraje necesario para abrir el sobre, todas mis dudas quedaron despejadas.

Era una carta de agradecimiento firmada por el mismo director general en la que me felicitaba por el éxito de mi presentación. Puntualizaba sobre el impacto que mis ideas tuvieron sobre su equipo de trabajo y resaltaba el entusiasmo con el que los asistentes recibieron las estrategias que les planteé. Y no solo eso, sino que me invitaba a realizar una nueva intervención, esta vez ante todo el personal de su empresa.

¿Y sabes qué? En ningún momento mencionó nada acerca del temblor de mis piernas, ni de mi acento, ni del incidente con el agua. Ese día descubrí que la parte más importante de lo que yo quería comunicar en mis presentaciones no se centraba en las palabras que se encontraban escritas en las notas que utilizaba, sino en mi actitud personal, en mi convicción por aquello que estaba compartiendo y, sobre todo, en mi entusiasmo y nivel de motivación al momento de compartir mis ideas.

Fue entonces cuando decidí aprender lo que fuera necesario para convertirme en el mejor comunicador posible. Con el tiempo entendí que la comunicación eficaz no se trata de llenar nuestro vocabulario de términos y expresiones impactantes, ni de tener un estilo de oratoria impecable o poseer una voz profunda y sonora. Ni siquiera se trata de lograr mantener una postura inalterable y estar en total control el 100% del tiempo. Comunicar de manera efectiva tiene que ver con transmitir entusiasmo y pasión. Lo verdaderamente importante es saber cómo crear una atmósfera de confianza que haga fácil que el mensaje llegue al cerebro de nuestro interlocutor.

Por tanto, a lo largo de este libro examinaremos cuáles son aquellas áreas que nos ayudan a crear el entorno que nos permita transmitir, persuadir e influir en los demás. Todos tenemos lo que se necesita para lograrlo. Si yo pude, estoy seguro de que tú también. Para ello, debes estar dispuesto a aprender ciertas estrategias y técnicas que te permitirán ser cada vez un mejor comunicador. De nada te sirve querer serlo si este deseo no está acompañado por tu interés para prepararte, cambiar y actuar.

A nada hay que temerle tanto como al miedo mismo

Quizás uno de los obstáculos más grandes que debes vencer al momento de comunicar, más aún si es en público, es la inseguridad que te producen tus propias limitaciones, ya sean reales o no. Muchas personas sufren, por ejemplo, de una pobre autoestima o de una profunda timidez que les impide comunicarse con efectividad.

La timidez, en particular, es uno de los obstáculos que con mayor frecuencia limita la capacidad para comunicar, escuchar con atención e interactuar. De acuerdo con algunos estudios, más del 80% de la gente asegura haber sufrido de este talón de Aquiles social en algún momento de su vida.

Nota de Camilo:

A los 20 años de edad yo era un joven demasiado introvertido. Esa era mi personalidad. La idea de hablar en público frente a enormes audiencias era tan lejana a mi realidad que, si en aquel tiempo alguien me hubiese dicho que 15 años más tarde estaría dirigiéndome a 10 o 20 mil espectadores, yo le habría dicho: "¡Estás loco? ¡Eso no es para mí!". Sin embargo, a los 35 años me encontraba haciendo una exposición en España ante 17 mil personas con traducción simultánea a varios idiomas. Así que créeme cuando te digo que tú también puedes cambiar. Todo comienza aceptando que tendrás que realizar ciertos ajustes en tu personalidad. No se trata de negar quién eres, ni de convertirte en otra persona. Es cuestión de reconocer que hay aspectos que necesitas modificar y mejorar para responder a los diferentes retos y oportunidades que la vida te presenta.

La timidez suele definirse como "sentirse incómodo en compañía" o como "el deseo de evitar estar en compañía de otros". Muchos cargan con ella a lo largo de toda su vida. La razón principal por la cual suele pasar desapercibida se debe a que, con frecuencia, la persona tímida logra disfrazar su timidez pasando por "reservada", "modesta" o "independiente". No todo el mundo está dispuesto a reconocer que es tímido, quizá porque hay quienes creen que admitirlo sería dejar en evidencia que abrigan algún miedo hacia los demás. Sin duda, algunos evitan la vida social y la interacción, y prefieren la soledad, pero la gran mayoría no lo hace deliberadamente; de hecho, les encantaría reunirse, hacer amigos y comunicarse con toda libertad, pero algo los detiene.

A menudo, las personas tímidas se sienten cohibidas por su temor ante un posible rechazo; por la ansiedad que les produce saber que deben actuar con propiedad para causar una buena impresión; por su susceptibilidad ante las posibles críticas. Son incapaces de afrontar la perspectiva del fracaso y deciden no ponerse siquiera a prueba. Sienten que, en cualquier tipo de situación social, todos los presentes las observan y evalúan, y sospechan que, los que ríen en un rincón, lo están haciendo a su costa. Temen que los demás les descubran algún error, y que, al compararlos con otros, los consideren inferiores. Como es natural, esta percepción es casi siempre una tontería porque lo cierto es que, si fuera posible evaluar todos los aspectos, habilidades y logros de quienes los rodean, no cabe la menor duda de que los tímidos serían considerados tan interesantes como el resto de la gente.

No obstante, todos sus temores y ansiedades hacen que, al querer comunicarse, ellos parezcan rígidos y se sientan incómodos, tanto en su lenguaje oral como corporal. Por lo general, hablan con monotonía y rapidez, hacen frecuentes pausas y cometen errores constantes, raras veces sonríen, evitan al máximo el contacto visual y casi siempre adoptan posturas cerradas.

¿Qué hacer si eres tímido? Quiero sugerirte tres estrategias que evitan que tu timidez se interponga en la realización de tus sueños.

La primera es crear una imagen positiva de ti mismo como comunicador. Imagínate interactuando de manera entusiasta y positiva con otras personas. Comienza a rodar con frecuencia estas imágenes para que tu cerebro tenga otro punto de referencia. Visualiza cada una de las situaciones sociales que siempre te han causado ansiedad e imagínate afrontándolas y superándolas con éxito. Recuerda que tú eres el resultado de aquello en lo que piensas la mayoría del tiempo. Tu timidez, por ejemplo, es el resultado de enfocarte en tus debilidades y no en tus fortalezas. Así que crea una nueva imagen que saque a relucir tus fortalezas.

La segunda estrategia consiste en escribir algunas afirmaciones que te sirvan como evidencias incuestionables de que estás comunicándote con efectividad. Luego, léelas, grábalas, si puedes, y escúchalas con frecuencia. Escríbelas en primera persona de tal manera que denoten seguridad. Por ejemplo: "Tengo experiencias muy interesantes para compartir con otras personas", "Poseo la capacidad para expresarme bien ante los demás", "Soy seguro y convincente en cuanto a mis ideas y cuento con una enorme capacidad para expresarlas con entusiasmo". Repítelas a menudo y verás cómo esta nueva autoimagen positiva pronto comenzará a sustituir y desplazar a la vieja imagen que tenías de ti mismo.

Si crees que todas estas expresiones no son realistas, o que lo único que estás haciendo es engañarte a ti mismo, quizá las investigaciones dirigidas por Stephen Laberge, Doctor en Sicología de la Universidad de Stanford, te hagan cambiar de parecer. Laberge demostró que, en muchas ocasiones, el cerebro es incapaz de distinguir entre una experiencia real y una imaginaria. Si tienes un pensamiento y logras asociarlo con imágenes sensoriales ricas en color, sabor, olor y otras sensaciones, tu mente y tu cerebro no logran discernir si aquello en lo que estás pensando es real o lo estás imaginando. Por esta razón, una afirmación expresada con convicción y entusiasmo tiene la capacidad de programar tu mente y crear una nueva realidad de tu vida puesto que, para tu mente, es como si fuese real, así solo la estés imaginando.

Una vez realices todo esto, la tercera estrategia es poner a prueba esta nueva autoimagen positiva en cualquier reunión a la que tengas la oportunidad de asistir. Hazlo incluso si te sientes nervioso. Recuerda que no tienes que hacerlo a la perfección desde la primera vez. Todo lo que tienes que hacer es dar el primer paso.

Nota de Camilo:

Es increíble todo lo que logras cuando te das la oportunidad de cambiar tus viejas creencias. Recuerdo una conferencia en Venezuela ante casi cinco mil personas sobre este tema de la comunicación asertiva. Allí conocí a Francisco, uno de los asistentes al evento. Antes de mi participación tuvimos la oportunidad de departir sobre algunas de las debilidades que en ocasiones nos limitan. Francisco no hablaba mucho y rara vez hacía contacto visual conmigo o con las demás personas que nos acompañaban. En un momento en que nos quedamos solos, él me confesó que su mayor debilidad era su extrema timidez, la cual no le permitía hablar ante un grupo, por pequeño que fuera. Me dijo que había venido al evento con la esperanza de aprender alguna técnica o de escuchar algún consejo que pudiera ayudarlo a sobreponerse a aquella situación que saboteaba todo intento de salir adelante en su negocio.

Pensando en una manera de ayudarlo le pedí que me colaborara con algo que debía hacer un poco más tarde y, aunque no le dije de qué se trataba, él accedió con gran amabilidad. Así que, sin entrar en más detalles, le solicité que se sentara en la primera fila durante el evento.

Unos minutos después de haber comenzado mi presentación anuncié que iba a necesitar un voluntario de la audiencia. Algunos asistentes levantaron la mano, pero de inmediato llamé a Francisco, quien, sin duda alguna, debió pensar que estaba viviendo su peor pesadilla. ¿Cómo se me ocurría llamarlo frente a toda esta gente después de lo que me había confesado apenas unos minutos antes? Supongo que él nunca se imaginó que la ayuda que le solicitaría requiriera de ser humillado en público. Como es obvio, ese no era mi objetivo. Lo que yo buscaba era demostrar el poder de la persuasión con un simple ejercicio: le pedí que hiciera una presentación sobre su negocio frente a toda la audiencia.

Le pasé el micrófono. Era evidente cuánto le temblaban las manos. Traté de tranquilizarlo. Empezamos despacio. Su primer intento fue terrible. A duras penas pude escucharlo pese a que me encontraba a solo unos pasos de distancia, así que estaba seguro de que la audiencia ni siquiera se había percatado de que Francisco ya había empezado a hablar. El segundo intento no fue mucho mejor que el primero, aunque fue lo suficientemente audible como para generar un murmullo general y algunas risas —vergüenza ajena, supongo—. Seguro de que esto no había hecho mucho por fortalecer su confianza decidí darle algunas ideas que le permitieran inyectarle un poco más de entusiasmo a su presentación. Vino otro intento, un par de sugerencias más, y una cuarta oportunidad.

Lo que sucedió a continuación fue poco menos que milagroso: diez minutos después de haber tomado el micrófono, Francisco, quien por más de 50 años había sido víctima de una timidez excesiva, estaba riéndose, haciendo bromas con la audiencia y realizando una presentación sobre su empresa que generó una multitud de aplausos. Incrédulos, muchos de los espectadores no lograban explicarse cómo era posible que tal transformación hubiese ocurrido en el transcurso de unos escasos minutos.

Al concluir el evento tuve la oportunidad de conversar una vez más con Francisco. Obviamente emocionado, lo único que me dijo fue: "No tenía ni idea de que esa capacidad se encontraba dentro de mí". ¿Ocurrirá esto en todos los casos? ¡Qué bueno fuera! No obstante, estoy convencido de que todos tenemos el potencial para convertirnos en mejores comunicadores. Y no solo eso, sé que el proceso suele ser mucho más sencillo de lo que tú piensas y que los resultados tendrán un impacto significativo en todas las áreas de tu vida.

Plan de acción:

....

Una de las maneras más efectivas y rápidas para convertirte
en excelente comunicador es aprovechando al máximo tus
destrezas y habilidades comunicativas e identificando los
obstáculos y dificultades que necesitas superar en este campo. Por esta razón, quiero invitarte a que realices un inventario de tus fortalezas y dificultades. En mi experiencia, este
ejercicio te proporciona una mayor seguridad en cuanto a tu
manera de tomar decisiones, y te ayudará a tener confianza
en tus capacidades y arrojo en tus acciones.

1. Descubre tu arsenal de habilidades y aptitudes:

   a. Describe la que consideras tu mayor ventaja competitiva
   a nivel profesional. ¿Qué te diferencia de otras personas
   que pudieran desempeñar tu cargo? ¿Qué te hace especial y único?

   b. ¿Cuáles consideras que sean las tres mayores fortalezas
   con que cuentas en el campo de la comunicación?

2. Identifica qué dificultades comunicativas necesitas resolver:

   a. ¿Cuáles son los tres obstáculos que hasta ahora no te han
   permitido lograr los resultados que deseas alcanzar en el
   campo de la comunicación? Descríbelos y sé específico.

   b. Escribe la manera en que vas a comenzar a responder
   hoy mismo frente a cada uno de estos obstáculos. ¿Qué
   hábitos estás resuelto a adquirir, si el hacerlo te ayudara
   a eliminar dichas debilidades?

3

En los zapatos de nuestro interlocutor: el camino a la empatía recíproca

"Si hay un secreto del éxito, este es tu capacidad
para apreciar el punto de vista de tu prójimo y ver las cosas
desde su perspectiva, así como desde la tuya propia".
— Henry Ford

La comunicación eficaz es abierta y receptora y está determinada por tu interés en escuchar el punto de vista de tu interlocutor, y no solo en tu urgencia por exponer o imponer el tuyo. Si solo te basas en tu agenda para entablar un diálogo, no estarás adoptando la disposición adecuada para escuchar el mensaje de quien te habla. Todos tenemos propósitos e intereses en la conversación, principalmente si trae como resultado una acción o decisión. No se trata de no esperar resultados —ni tampoco de desechar tus opiniones—, pero lo adecuado es dejar tus propias metas e ideas un tanto al margen mientras el hablante expone las suyas y te concentras en escucharlo con la atención que merece. La cuestión fundamental es que aprendas a ser receptivo, así como aspiras a que los demás lo sean contigo.

Es útil reflexionar o hacer anotaciones sobre los temas a expresar porque te sirven de referencia. La preparación es fundamental en toda conversación. El modo y la intensidad dependen de muchos factores, pues, por ejemplo, no es lo mismo un diálogo rutinario en una esquina que una entrevista de trabajo. La conversación bien llevada se asemeja a una balanza: por un lado están tus expectativas; del otro, la posibilidad de mantener una relación en armonía. Siempre insisto en que una batalla con posiciones cerradas, donde nadie es capaz de escuchar, es un sinsentido que no conduce a nada.

¿Cómo se logra esa conexión instantánea que a veces se da entre dos personas que apenas se conocen? Parece cuestión de magia, pero debo insistir en que no lo es. La comunión instantánea parte de varios catalizadores. En su libro *Click: The Magic of Instant Connections*, Ori y Rom Brafman mencionan varios factores que, en diferentes situaciones de la vida, contribuyen a crear una conexión emocional a primera vista: vulnerabilidad, proximidad, resonancia y similitud.

Nota de Ismael:

En mi carrera profesional he realizado miles de entrevistas, unas más extensas que otras. En todas, los mejores resultados se han producido cuando el entrevistado se expresa cómodamente, sin interferencias. Eso no significa pasividad de mi parte, ni mucho menos indiferencia hacia los interlocutores. A todos los confronto, cuestiono o apoyo, pero antes los escucho con respeto y atención. Llego a la conversación sin ideas preconcebidas; pero sí con información, opiniones propias y con la mente abierta.

En la estresada vida que llevamos, a veces nos situamos entre la espada y la pared por la necesidad de conectar de inmediato con mucha gente con la que interactuamos. En mi programa de televisión, al conversar a fondo con los invitados, el propósito es crear una primera impresión de seguridad, amabilidad, respeto y empatía. Para lograrlo

*solo tengo 30 segundos, pero el resto va surgiendo a lo largo
de la conversación. Las primeras impresiones son definiti-
vas. No sé si tenemos oportunidades para crear otras. Por
eso recomiendo no desechar esa primera. Es allí donde el
misterio de escuchar suele mostrar su mejor resultado.*

Uno de los componentes de la comunicación tratados
con mayor negligencia es el arte de saber escuchar. Lo cierto
es que escuchar es un ejercicio fascinante y un gran misterio.
Al escuchar a tu interlocutor, asegúrate de ir más allá de la
simple audición: indaga en su lenguaje corporal, en el tono,
cadencia y velocidad de su intervención. Muchas veces, sin
proponérnoslo, encontramos bajo las palabras emociones y
necesidades. Es decir, la esencia de los seres humanos.

Como veremos más adelante, la manifestación más ob-
jetiva de que escuchamos a quien nos habla es la voluntad que
le mostramos de prestarle deliberada atención. Esto no siempre es facil debido a factores subjetivos como nuestra conducta, el carácter y tema de la conversación, las circunstancias o
por la naturaleza del hablante. Para prestar completa atención
sugiero la técnica de repetir mentalmente lo que escuchamos
y nunca quedarnos con dudas, siempre pedir una aclaración
en caso de confusión o desconocimiento. Las explicaciones
o aclaraciones que solicitamos significan que nos interesa la
conversación. Si conseguimos dialogar y escucharnos con
mutua atención, estaremos en condiciones de formar un
equipo capaz de generar ideas y relaciones.

Si algo no está claro por completo y repreguntamos
para despejar la duda, es casi seguro que la respuesta nos sor-
prenda con nueva información. Para entender un tema a cabalidad no basta con la fluidez del diálogo. Debemos repasar
cada punto confuso y armar el rompecabezas. Si se nos hace
difícil entender al interlocutor, un poco de ayuda de nuestra
parte siempre es bien recibida.

Nota de Ismael:

Yo uso con frecuencia la "técnica de la pala", que consiste en darle un ligero empujón a quien habla. Se trata de colocarlo frente a sus propias ideas a través de mis palabras. ¿Para qué? Con el fin de que sea el interlocutor mismo quien las confirme o aclare. Mis televidentes de CNN en Español quizá lo han notado. Cuando algo no ha quedado claro, le digo al entrevistado: "Entonces, lo que estás diciendo es que...", y así expongo lo que entendí de su mensaje. No se trata de forzar una respuesta determinada porque él siempre tendrá la posibilidad de reafirmar su idea o refutar mi interpretación.

A veces, un tema o una persona terminan por aburrirnos, quizá por el tema mismo o por la forma de abordarlo. En estos casos, siempre recomiendo emplear estrategias que sean muy eficaces para mostrar interés, entre ellas, mantener el contacto visual, no cruzar los brazos y hacer preguntas que lleven la conversación a otro nivel. Este tipo de acciones contribuye a elevar el grado de interés. También sirve para levantar el entusiasmo del interlocutor y animarlo a abordar temas más interesantes. Siempre es posible aprender algo de cada ser humano y hallar recursos que motiven a los demás.

La curiosidad ayuda a revelar ideas brillantes en una conversación. Los sabios de la humanidad siempre han demostrado una curiosidad extraordinaria. Nadie puede calificarles de ser "almacenadores de conocimientos" o fabricantes en serie de citas textuales. Ellos son seres creativos cuya curiosidad por lo general no ha sido satisfecha. La gente que maneja muchos datos, y que siempre intenta enumerar su inventario en cada diálogo, no consigue ofrecer información creativa con facilidad. Sus conversaciones son en realidad monólogos durante los cuales ellos se escuchan a sí mismos. Pero hay otros conversadores, quizá con menos fechas, números y teorías en mente, que también alimentan su curiosidad y, sin embargo, saben generar conversaciones interesantes. La clave está en querer saber más, en confrontar nuestras experiencias con las de otros. Resulta muy agradable conversar con personas que nos toman en cuenta porque se nota cómo aprovechan lo que decimos. Para ellas, conversar es una aventura, una exploración divertida y enriquecedora.

No debemos permitir que el ego dictamine nuestros actos porque jamás aprenderemos a escuchar, solo alimentaremos la gloria personal y no lograremos una relación sana con nadie, ni con nosotros mismos. No me canso de repetir que el ego aniquila al ser. La empatía, que consiste básicamente en ponernos en el lugar del otro, no se produce si el ego protagoniza nuestra vida. Por ejemplo, entre padres e hijos, las discusiones generacionales pueden resolverse mediante el simple hecho de mejorar la capacidad para escuchar. Por eso es imperioso desterrar el egocentrismo al conversar: no hay nada peor que escuchar a alguien que no deja espacio al diálogo.

Debemos recordar que escuchar es aprender a ver el mundo desde una posición de sinergia, como un todo y no solo desde la parte que supuestamente nos toca. En su libro *La tercera alternativa* Stephen Covey aborda claves importantes para establecer una escucha activa, empática y conciliadora. Covey considera que la tercera alternativa es un recurso que resuelve conflictos y da soluciones creativas a los problemas a través de un camino diferente. No es "tu solución" ni "mi solución", sino la "tercera alternativa", nos dice. Su opción les sugiere a las dos partes salir del debate hacia un punto en el que nadie tenga que ceder nada y todos salgan ganando. La tercera alternativa se basa en la "escucha total" que conduce a una comunión de personalidades en la que el todo es mucho más completo que la suma de las partes.

Cuando dialogamos o negociamos, siempre queremos que las cosas salgan según nuestro diseño previo. Antes de entrar en la discusión pensamos: "Si transo, si cedo, no avanzo". Sin embargo, a veces, las oportunidades se esfuman debido a nuestra miopía conceptual. Covey habla de las personas que solo tienen dos alternativas en su programación mental: a mi manera o a la tuya. Ellas nunca consiguen cooperar porque solo saben competir.

La solución es asumir el acto de escuchar en clave de tolerancia y crecimiento y alejarnos de la mentalidad rígida típica de los que no escuchan. Covey afirma que muchas personas no ven seres humanos en sus interlocutores, sino ideologías; no respetan sus puntos de vista y ni siquiera tratan de entenderlos. No hay nada peor que pretender mostrar respeto con el único propósito de manipular. Cuando eso sucede, la verdad es que no existe ningún interés en escuchar, conectarse y aprender. La sinergia se produce mediante un misterio que es muy fácil de descifrar: el misterio de escuchar.

Plan de acción:

Una forma de demostrar empatía es utilizar expresiones y gestos que le dejen ver a tu interlocutor que entiendes su posición, que estás tratando de ver las cosas desde su punto de vista. Para lograrlo, es aconsejable:

1. Hacer uso de expresiones como: "Entiendo lo que sientes", "Ya veo" o "¿Cómo puedo ayudarte?". Así mismo, una actitud de atención; una sonrisa, si es oportuna; el asentir con la cabeza o suavizar la mirada también comunican empatía.

2. Además, es importante recordar que, cuando alguien quiere hablar de un problema, a menudo solo necesita un interlocutor silencioso y una mirada atenta, no un sermón, ni una crítica, ni un consejo. Ten presente que lo realmente valioso es buscar ponerte en el lugar del otro, tratar de entender cómo se siente, pensar y sintonizarte con lo que dice con total atención para procurar ver las cosas desde su punto de vista.

4

Cómo se generan los temores y ansiedades al hablar en público

*"Date permiso para no ser perfecto. Nadie lo es.
Y exigirse a sí mismo algo imposible
resulta paralizante y antinatural".*
—Natalia Gómez del Pozuelo

La ansiedad generada por la sola idea de hablar en público es tan común que algunos estudios estiman que hasta un 85% de las personas experimenta dicha ansiedad en mayor o menor grado. ¿Cómo se generan estos temores y ansiedades? Muchos de los problemas en la comunicación externa son el resultado de la comunicación interna.

Varios estudios muestran que la persona adulta habla consigo misma alrededor de 14 horas en el transcurso de un día normal. Gran parte de esta conversación ocurre a manera de monólogos interiores, cavilaciones, observaciones y pensamientos que ocurren en su mente y que rara vez expresa en voz alta. Lo más sorprendente es que estas investigaciones demuestran que más de un 80% de este diálogo interno es negativo, pesimista, contraproducente y con toda seguridad lo están limitando de utilizar su verdadero potencial.

Leíste bien: la gran mayoría de los adultos se encarga de sabotearse su propio éxito con su estilo de diálogo interno. Y en ningún caso es esto más evidente que en lo que se refiere a la capacidad para comunicarse en público.

Es fácil apreciar esta realidad en la actitud de aquellos empresarios que asisten a la presentación de su negocio con la absoluta certeza de que su propuesta no será aceptada. De igual manera, muchos vendedores visitan a sus clientes para presentarles un nuevo producto, pero inconscientemente están seguros de que serán rechazados. Esta misma actitud es evidente inclusive en los padres que, desde antes de empezar a hablarles a sus hijos sobre algún problema que estén enfrentando, saben casi a ciencia cierta que ellos no tomarán en cuenta sus recomendaciones.

Tan absurdo como parezca, mucha gente emplea gran parte de su día programando su mente para el fracaso, pensando en cientos de problemas que aún no han sucedido pero que, según ellos, pueden llegar a suceder; repasan en su mente sus debilidades; recuerdan errores y caídas del pasado o ensayan una y otra vez los fracasos que, con tanto desespero, buscan evitar. Es insólito que existan tantas víctimas de este comportamiento irracional.

Con respecto al hecho de hablar en público sucede algo similar. Hablar en público es uno de los temores más comunes de la persona promedio. En su forma más extrema, este temor se denomina glosofobia y es una de las fobias con mayor índice de recurrencia. Tan es así, que para muchos, en su lista de miedos, hablar en público se encuentra por encima del temor a la muerte. ¿Te imaginas? Hay quienes aseguran que la idea de hablar en público les provoca más temor y ansiedad que la idea de morir.

Para ellos el hecho de tener que hablar cinco o diez minutos frente a un grupo los aterroriza tanto que, si tratas de obligarlos a hacerlo, observas un cambio instantáneo en su estado mental y físico. Comienzan a sudar, se les aceleran los latidos, sus músculos se tensan y tienen dificultad para respirar. Muchos incluso experimentan molestias gastrointestinales, les flaquea la voz, se les debilitan las piernas y llegan al punto que hasta terminan por desmayarse.

¿Cómo llega alguien a este punto? Todo comienza con su diálogo interno. Por ejemplo, cuando la persona promedio escucha que debe hablar en público, sobre todo si es de una manera inesperada, su mente comienza a crear imágenes en las que se ve haciendo el ridículo frente a los demás. Sin quererlo, visualiza todo lo que le va a salir mal, que es justo lo que quiere evitar. Pero entre más piensa en ello, más real se hace esa imagen.

Luego, comienza a escuchar voces internas que le dicen: "¿Qué vas a hacer? ¿Se te olvidó lo pésimo que eres hablando en público? ¿Qué van a pensar los demás? ¡Vas a hacer el ridículo! ¿Has olvidado aquella ocasión en que tu mente se quedó en blanco y por poco te desmayas?" Todas estas imágenes, producto de su diálogo interno, no solo no le permiten hacer un buen trabajo, sino que le reafirman aún más a fondo la idea de que no sirve para hablar en público.

¿Ves los efectos tan devastadores que llegarían a generar estas imágenes si tú mismo te encargas de crear o permitir ese tipo de diálogo interno? Podrían crear uno de los más autodestructivos círculos viciosos ya que, entre más incapaz te percibas, más incapaz te verán los demás, lo cual solo confirmaría lo que ya sabías de antemano: lo incapaz que eres. Pensar así te impide actuar desde tu verdadera autenticidad y mostrarte tal como eres.

¿Te das cuenta de la manera tan sencilla en que tu mente termina por convertirse en tu peor enemigo? En la mayoría de los casos sucede sin que tú ni siquiera te des cuenta. Observa, por ejemplo, lo que ocurre cuando quieres que algo te salga excepcionalmente bien y comienzas a pensar en lo que tienes que hacer para que así sea. Por lo general, empiezas pensando en todo lo que no debes hacer. Lo curioso es que, entre más te concentras en qué no hacer, más fuerza gana esta imagen en tu mente. Es como si entre más dijeras "no puedo equivocarme en tal cosa", más te visualizaras equivocándote y entonces te invade el pánico ante la inminente posibilidad de equivocarte, que ahora aparece más real que nunca.

Nota de Camilo:

Es común ver este comportamiento entre las personas que deben hablar en público. En cierta ocasión, en una conferencia sobre la comunicación efectiva que realizaba en México, le dije a la audiencia que en unos minutos escogería a alguien para que saliera adelante a contarnos a qué se dedicaba. Un rato después comencé a caminar entre la gente, pretendiendo buscar al afortunado voluntario que tendría que salir a hablar ante los 600 asistentes que se encontraban en el recinto. Luego anuncié que no llamaría a nadie y que mi verdadero propósito era que analizáramos sus reacciones iniciales.

Algunos confesaron estar felices de tener la oportunidad de participar y hasta levantaron la mano para que los escogiera. Sin embargo, muchos confesaron que habían comenzado a rezar para que yo no los eligiera a ellos, y unos cuantos experimentaron tal estado de pánico que llegaron a pensar en salirse del salón, en inventarse una salida repentina al baño o esconderse bajo su mesa.

A estos últimos les pregunté: "¿Qué pasó por tu mente cuando hice aquel anuncio?" Entonces me confesaron que, inmediatamente después de haber escuchado aquella propuesta, ya habían construido imágenes en su mente en las que se veían con sus piernas temblando, sus manos sudorosas y sus rostros pálidos. Se veían hablando incoherencias ante 600 extraños, olvidando hasta su nombre y sin encontrar cómo articular la más sencilla de las ideas. Hubo quienes describieron cómo entre más se repetían a sí mismos, "no me van a temblar las piernas, no me van a temblar las piernas", más veían sus piernas temblando.

Así que vale la pena que te detengas a pensar qué clase de imágenes están dibujando en tu mente y la mente de los demás las palabras que utilizas como parte de tu diálogo interno y externo. Muchos generan imágenes internas de fracaso y escuchan voces interiores que les recuerdan con demasiada frecuencia todas sus debilidades, dos procesos mentales que los conducen al fracaso por adelantado ya que los hacen visualizar con exactitud aquello que desean evitar.

Es importante entender que experimentar cierto grado de ansiedad es normal a la hora de hablar en público, e incluso te ayuda a estar preparado. El problema es cuando la ansiedad que experimentas es tan intensa que bloquea tu capacidad para actuar. Una manera de mantenerte bajo control es creando imágenes mentales positivas sobre la experiencia de hablar en público.

Los triunfadores son conscientes de la importancia de crear imágenes claras de lo que desean alcanzar y hacen que toda acción que emprendan esté guiada por estas percepciones. Cuando creas una imagen, una fotografía mental de lo que deseas alcanzar, tu mente subconsciente buscará que tu realidad exterior esté en armonía con tu percepción interna y te mostrará el camino para lograr tu meta.

La idea sobre la cual se fundamenta este principio es que todas las cosas en realidad son creadas dos veces. La creación física está precedida por una creación mental.

Si vas a hablar en público, por ejemplo, ya sabes que no debes pensar en: "Espero no quedar mal", "Ojalá que no me equivoque", "Que no me vayan a temblar las piernas", o "¿Por qué me habrán escogido a mí que odio hablar en público?" En lugar de esta comunicación pesimista piensa en expresiones como: "Sé que todo saldrá bien", "Amo hablar en público", "Soy capaz y estoy seguro de lo que voy a decir", "Estoy disfrutando de esta posibilidad de hablar en público hoy" o "¡Qué bueno tener esta oportunidad para hablar en público!"

Cambia tu diálogo interno, crea una nueva clase de imágenes en tu mente subconsciente acerca de cómo esperas y quieres que salgan las cosas. Una vez que hayas creado esta imagen, ruédala en tu mente una y otra vez. De esta manera, cuando al fin estés en el escenario, no será la primera vez que te diriges a tu audiencia. Ya ellos serán viejos amigos puesto que los has visto en cada uno de tus ensayos mentales. Verás que este sencillo ejercicio te proporcionará más confianza en ti mismo y en tus habilidades.

Si estás pensando que de nada servirá todo esto ya que la realidad es que simplemente no eres bueno para hablar en público, nunca lo fuiste y es muy probable que nunca lo seas, quiero que entiendas que es posible que esa haya sido tu realidad hasta ahora, pero tienes frente a ti la opción de cambiarla. Todo lo que necesitas es tomar la decisión de hacerlo.

Tomando control del pánico escénico

Si eres empresario, gerente, empleado o estudiante, ya habrás tenido la necesidad de hablar en público puesto que esta es la mejor manera de expresar ideas, presentar los pormenores de un proyecto o compartir un producto u oportunidad de negocio. De ahí que resulte vital enfrentarte a tus temores y superar tus inseguridades.

Ahora bien, si el hecho de tener todas las miradas sobre ti te produce angustia y te saca de tu zona de comodidad, no estás solo. Según un estudio de la Universidad de California, hasta el 75% de las personas sufre algún tipo de ansiedad cuando se enfrenta el reto de hablar en público. Sin embargo, no olvides que cierto grado de zozobra es usual a la hora de enfrentarte a esa experiencia. Inclusive si cometes alguna equivocación, evita ser demasiado autocrítico y no te preocupes demasiado; todos cometemos errores y, pese a que creas que acabas de cometer un error imperdonable, es muy seguro que el público ni se haya enterado. Recuerda que tú eres el único que sabe lo que vas a decir. Si olvidas algún punto o te equivocas en alguna apreciación, lo más probable es que solo tú te hayas dado cuenta de ello.

Aunque es indudable que a muchas personas se les dificulta pararse frente a una audiencia y comunicar de forma convincente sus ideas, y que debido a esto sus exposiciones pasan desapercibidas, son tediosas o provocan en el auditorio emociones contrarias a las que deseaban transmitir, la solución no es evitar hablar en público. Esto sería privarse de expresar algo en lo cual ellas creen y permitir que los temores tomen control de su vida. Si ese es tu caso y comienzas a sentir ansiedad, para un momento, haz una pausa y respira. De hecho, hacer pausas breves y disimuladas para respirar profundo durante tu presentación es una de las maneras más efectivas para calmar la ansiedad y los temores.

Pese al temor que sientas, al temblor de piernas y manos, a la resequedad en la boca, a la sudoración excesiva, a las palpitaciones y demás síntomas poco agradables que quieran convencerte de lo contrario, lo cierto es que, si te lo propones y mantienes la calma, lo más probable es que logres hacer una presentación decorosa.

Lo más importante es que tengas claro que siempre debes buscar ser tú mismo y no tratar de ser otra persona. Ten la seguridad de que tu audiencia apreciará y valorará el hecho de que hables de corazón, con honestidad, sinceridad, pasión y entusiasmo. Asegúrate de estar claro en cuanto a los objetivos que persigues con tu presentación. Esto es muy importante al momento de determinar el enfoque, el tono y el lenguaje que emplearás para comunicar tu mensaje.

Otro aspecto importante es cuestionarte si en realidad estás convencido de lo que vas a comunicar. Cuando compartes un mensaje en el que de verdad crees con sinceridad y honestidad, no solo tu convicción te ayuda a superar cualquier posible miedo, sino que tus ideas y tu mensaje resonarán con mayor intensidad en la mente de tu audiencia. Y por difícil que sea el tema del cual hablarás, trata siempre de adoptar un enfoque positivo. Mantén un tono amistoso y, si es preciso y apropiado, haz uso del humor; esto te ayudará a sentirte relajado y cautivarás la atención del público. Además, invierte el tiempo que sea necesario en conocer los intereses y preocupaciones de los asistentes porque hacerlo te permitirá adaptar tu presentación a ellos y estarás mejor preparado respecto a las preguntas que surjan en el camino.

Plan de acción:

Estas cinco ideas sencillas te ayudarán a comenzar hoy mismo a tomar control de tus temores y ansiedades:

1. Recuerda que la única manera de controlar el temor y la ansiedad es enfrentándolos, no huyendo de ellos. Aunque te parezca incómodo, continúa participando en aquellas actividades que sabes que son importantes para ti, así te produzcan cierta ansiedad. No olvides que, cada vez que enfrentas uno de tus temores, ganas un mayor control sobre él.

2. Si aprendes a detectar a la mayor brevedad posible la aparición de tu ansiedad, sabrás responder con rapidez para impedir que tome control de tu cuerpo y tu mente. Una de las estrategias más comunes es la respiración abdominal y consiste en respirar de manera fuerte y pausada, llenando por completo los pulmones de aire, algo que no solemos hacer al respirar normalmente.

3. Una de las mayores causas de ansiedad entre las personas que deben hablar en público es no estar preparadas sobre el tema que deben tratar. Así que toma el tiempo suficiente para preparar bien el tema de tu presentación. Incluso si estás seguro de aquello que vas a hablar, contar con más información de la que vayas a usar te ayudará a estar aún más seguro de ti mismo. Una buena estrategia consiste en elaborar un resumen con los puntos principales que vas a tratar, algo que además te servirá de guía durante tu presentación. Identifica tres o cuatro ideas principales y concéntrate en ellas. Una vez las tengas claras, ensayar y practicar varias veces tu exposición te ayudará a dominar el tema y a ganar confianza. Hazlo en voz alta, como si estuvieras ante el público, y si es posible, practica frente a alguien.

4. Si las circunstancias te lo permiten, habla con algunas de las personas del público antes de empezar. Cuanta más gente conozcas, más fácil te será percibir la audiencia como un grupo amigable. De esta manera, durante tu presentación, siempre podrás mirar hacia ellas si necesitas ver una cara amistosa. Asegúrate de relajar la tensión de tus hombros y muévete. Moverse por el escenario pausadamente te hará sentir más calmado y al mismo tiempo le das al público la sensación positiva de que estás en total control del espacio, el tema y la situación.

5. Por último, si modificas tu diálogo interno y comienzas a crear nuevas imágenes de éxito en las que te proyectes a ti mismo hablando en público con seguridad y entusiasmo, será solo cuestión de tiempo antes de que tu cerebro y tu mente comiencen a actuar y a comportarse de acuerdo a estas nuevas imágenes mentales.

Segunda parte

Saber escuchar

5

Aprendiendo las diferencias entre oír y escuchar

"Quien más pierde por el hecho de ser incapaz de escuchar
a los demás es uno mismo".
—Jorge González Moore

Entras a la oficina de tu jefe o asociado a compartirle una información que consideras importante. Él se encuentra trabajando en su computador. Le preguntas si pueden conversar unos minutos. La respuesta es afirmativa, así que comienzas a hablar. Sin embargo, la vista de tu jefe no se aparta de la pantalla y sus dedos continúan tecleando. Tú continúas hablando, pero después de unos minutos es claro que él no ha escuchado una palabra de lo que le has dicho. Así que paras y le preguntas si prefiere que regreses más tarde a lo cual él responde: "No, por favor. Continúa… te escucho".

Escenas como esta se repiten cada día en oficinas y salas de juntas. Y no es que tu jefe no te haya oído, lo que sucede es que no te ha escuchado. Entonces comencemos por establecer la diferencia entre lo que significa escuchar y oír ya que, con frecuencia, utilizamos los dos términos como si fuesen sinónimos.

Cuando hablamos de oír, estamos refiriéndonos al proceso fisiológico que ocurre cada vez que percibimos los sonidos a través del oído sin que eso signifique que entendemos lo que estamos oyendo. Oír es percibir las vibraciones de las ondas sonoras; un proceso pasivo. En cambio escuchar es otra cosa, es la capacidad de captar, entender e interpretar la totalidad del mensaje que el hablante transmite en forma verbal y mediante el tono de su voz y su expresión corporal. Escuchar implica otras variables por parte del oyente: atención, interés, motivación. Escuchar es deducir, comprender, interpretar y darle sentido a lo que oímos, un proceso mucho más complejo que la simple pasividad del acto de oír. Escuchar activamente hace referencia a la habilidad de escuchar no solo lo que el interlocutor está expresando, sino también a la capacidad del oyente para percibir los sentimientos, ideas o pensamientos que subyacen alrededor de lo que el hablante está diciendo.

Ahora bien, ¿por qué es importante entender la diferencia entre oír y escuchar? Cuando no nos escuchan, nos sentimos invalidados, ignorados y frustrados. Concluimos que a la otra persona simplemente no le importa lo que le estamos diciendo. Oír es un acto involuntario mientras que escuchar es intencionado. De hecho, en la escena anterior, tu jefe te está oyendo, pero, si no te está prestando atención, no va a entender lo que le estás diciendo, por lo tanto, te oyó pero no te escuchó. El problema es que, cuando solo oímos, corremos el riesgo de enviar mensajes errados que nos apartan de la posibilidad de escuchar el mensaje real.

Muchos creen, y están equivocados, que escuchar es un proceso natural, una habilidad innata que se da sin ningún esfuerzo de nuestra parte, pero lo cierto es que escuchar es una destreza que debe ser aprendida, desarrollada y optimizada. Escuchar implica la realización de un esfuerzo físico y mental. De hecho, escuchar requiere un esfuerzo superior al que hacemos al hablar y al oír sin interpretar lo que oímos.

Aprendiendo a escuchar

Una de las primeras lecciones que aprendes durante la edad escolar es que, para mejorar tu caligrafía, la única opción es practicar y dedicarte a escribir fijándote en lo que escribes y en cómo lo haces. Cuando estás empezando, incluso utilizas cuadernos especializados en caligrafía para mejorar la letra; después vienen conceptos más avanzados: Gramática, Ortografía, Sintaxis; todo con el objetivo de que escribas cada vez mejor.

Con la lectura sucede algo similar: entre más lees, más perfeccionas esa habilidad. Con el tiempo aprendes a leer más rápido, a rescatar la información más relevante y a sacar mejores conclusiones sobre el texto leído.

En lo que respecta a hablar en público ocurre lo mismo: la práctica y repetición constante te hacen cada vez mejor orador. Sin embargo, cuando se trata del arte de escuchar, no creemos que haya nada que nos ayude a mejorar dicha habilidad. No parece haber cursos, cuadernos, ni estrategias que nos ayuden a ser mejores escuchas —algo fatal, si tenemos en cuenta que, de todas estas habilidades, escuchar es la que realizamos durante la mayor parte del día—. Por esta razón, en el plan de acción de este capítulo hallarás algunas estrategias que te permitirán mejorar la capacidad de escuchar y aprender a enfocar tu atención en lo que se está diciendo.

Plan de acción:

1. Procura buscar espacios para hacer el ejercicio de escucharte siquiera una vez por semana. Vete a un sitio apartado y tranquilo donde llegue la menor cantidad de ruido posible. Aprovecha la quietud para escuchar y descubrir qué dice tu yo interior; esa voz que te presenta los asuntos directamente, de tu mente o corazón, que no te permite excusas injustificadas, y que, si no tiene solución para tu problema, al menos te ofrece tranquilidad para pensar en posibles soluciones.

2. Cierra los ojos. Trata de percibir los sonidos que te rodean, desde los más fuertes hasta los más imperceptibles. Analiza de dónde pueden venir, de qué distancia y quién o qué los produce. Verás que, mientras más atención prestes, más sonidos distingues. Algunos han estado cerca de ti toda la vida y jamás los habías percibido.

3. Escucha la totalidad del mensaje de tu interlocutor. No solo lo que te expresa con sus palabras, sino también lo que no te dice y lo que comunica a través de sus actitudes, expresiones y gestos.

4. Establece conversaciones, aunque sean muy breves, con desconocidos: con una azafata, con el vendedor de un supermercado o con alguien que encuentres en el parque. Introduce un tema que no sea superficial y, sobre todo, intenta que esa persona se sienta cómoda expresando su opinión. Escúchala con atención, sin interrumpir.

5. Ten siempre presente que la comunicación solo será efectiva si es abierta y receptora, si escuchas el punto de vista del otro. Si impones tu agenda en el diálogo, es casi seguro que no serás capaz de escuchar el mensaje de tu interlocutor.

6. Trata en lo posible de cambiar los mensajes escritos (comunicación en una sola vía) por una llamada telefónica. De esta manera te ves en la necesidad de escuchar, de prestar atención a lo que te están diciendo y tienes que responder (comunicación en doble vía). Y siempre que conozcas a alguien, préstale atención a su nombre completo. Utiliza cualquier tipo de asociación para recordarlo.

La necesidad íntima de ser escuchados

"Hay que atender no solo a lo que cada uno dice,
sino a lo que siente y al motivo por el cual lo siente".
—*Marco Tulio Cicerón*

La capacidad de escuchar correctamente es una virtud que no se logra sin esfuerzo. Saber escuchar es una habilidad que pocos practican pues desde siempre el ser humano ha sentido la necesidad de ser él quien comunica, expresa, transmite sus emociones e inquietudes y es escuchado. Esa es una parte esencial de nuestras necesidades básicas ya que nos reafirma como personas. La opinión de los demás nos influencia, nos valida y nos hace sentir importantes. Por eso cada ser humano sueña con ser escuchado, para corroborar que es una pieza irrepetible del rompecabezas universal. Que nos escuchen va más allá del deseo superficial de ser tenidos en cuenta o apreciados: es una necesidad genuina y propia de la naturaleza humana.

De otro lado, saber escuchar no parece tener la misma importancia para nosotros. La mayoría de la gente le da más importancia a la forma en que se expresa que a la forma en que escucha. A eso se debe que escuchar sea una habilidad poco desarrollada —y por muy pocos. De ahí que hayamos terminado por convertirnos en una sociedad de estatuas parlantes. Nos limitamos a pensar en lo que tenemos, debemos o queremos decir. Dedicamos demasiado tiempo a deliberar sobre lo que no nos conviene decir y en lo que debemos expresar para lograr algo de alguien: ¿cómo hacerlo? ¿Qué palabras emplear para cautivar y convencer?

Pero, ¿cuánto tiempo dedicamos a escuchar con atención y total concentración mientras los otros hablan? Hablamos tanto que solo nos callamos un rato para volver a la carga frente a nuestro interlocutor.

La escucha interactiva, que abordaremos en esta sección, consiste en todo lo contrario: es abierta, generosa e inquisitiva. A través de ella nos sumergimos en el mundo de quienes nos hablan porque es la única forma real de aprender de ellos. Siempre nos remitimos a una especie de "juego" muy sofisticado e interesante: si escuchamos de forma activa-participativa, conseguiremos que la conversación se adapte a las perspectivas del interlocutor. No es ocioso repetirlo: no se trata de un combate en busca de un ganador, sino de un encuentro de mentes y espíritus.

Muchos de nosotros escuchamos pobremente. Nos abstraemos en nuestro propio mundo, nos ausentamos y nos desconectamos dejando a la otra persona hablando sola. Nos sucede a todos, pese a que creamos ser buenos escuchas. De hecho, muchos que se consideran oradores elocuentes tienden a no ser buenos escuchas. ¿Por qué? Porque siendo extrovertidos se centran en darse a conocer y prestan poca atención en el hecho de conocer a otros. Resulta curioso, pero los buenos escuchas, por el contrario, suelen ser más introvertidos; sienten menos necesidad de compartir lo que creen y piensan y tienen más probabilidades de ponerse en el lugar de los demás para ver las cosas desde ese otro mundo.

Los seres humanos no somos los únicos que nos comunicamos y vivimos en sociedad. La ciencia ha demostrado que también lo hacen las hormigas, los delfines, las abejas, los primates y otros animales que viven en manadas o grupos de proximidad. Pero, insisto, lo que nos diferencia de las especies sociales es la imaginación, la capacidad de asumir y recrear lo que otros seres humanos están pensando, sintiendo y hablando.

En un curso dirigido por Alejandro Schejtman y Gerardo Woskoboinik, ellos afirman que, como promedio, hablamos a una velocidad de 125 palabras por minuto, y que tenemos la capacidad de escuchar más o menos 400 palabras en ese mismo lapso. La diferencia es clara: tenemos un cerebro mejor preparado para escuchar que para hablar. ¿Será por eso que hablamos por teléfono, escuchamos lo que nos dicen desde el otro lado y al mismo tiempo ejecutamos otras tareas?

La comunicación efectiva depende, en gran medida, de la disposición que tengamos para escuchar con empatía, interés y generosidad. Aquí podríamos argumentar situaciones o circunstancias personales de cualquier tipo, pero resultarían improcedentes. Si soñamos con mejorar nuestras relaciones interpersonales de una manera armónica, el único camino posible es comunicarnos mejor, prestar oído y concentrarnos en los demás.

Escuchar no es solo una técnica de comunicación profesional, sino una filosofía de vida. Escuchando crecemos, mejoramos nuestras relaciones con los demás, aprendemos cosas nuevas y resolvemos muchos problemas. Cuanto más escuchamos con atención, menos frustraciones y reveses sufrimos.

La primera premisa para escuchar bien, sin dudas, es prestar atención. Si el cerebro tiene capacidad para procesar 275 palabras más que las que emite la boca por minuto, la tendencia es a llenar ese vacío con pensamientos ajenos a la conversación que estamos sosteniendo.

Salvo en momentos intensos, la mayor parte del tiempo, cuando escuchamos a alguien, lo hacemos de manera parcial porque casi siempre estamos reflexionando sobre muchas otras ideas, planificando nuestras actividades, pensando en el pasado o proyectando qué decir más adelante. Pero, si el cerebro puede procesar más, entonces eso justifica los vicios de comunicación que muchos tenemos.

Nota de Ismael:

Trabajar en la actualidad como entrevistador me ha permitido reajustar el torrente de palabras de mi profesión original: locutor de radio y televisión. En esas actividades, la comunicación se centra en expresar, ser elocuente y seducir con palabras. Un público anónimo recibe tus mensajes, pero no podrá interactuar demasiado contigo. Después de consolidar mi carrera como entrevistador en CNN en Español, comprendo mejor que atender es la Regla de Oro del que escucha y la llave para acceder a una comunicación efectiva.

Quien decide darse a la tarea de aprender a escuchar pronto descubre que hay que escuchar las palabras, procesar su significado, ponerlas en contexto y, necesariamente, entender la naturaleza de quien las emite. Un término no tiene el mismo significado en boca de cualquiera pues influirá si las personas que lo expresan están satisfechas, disgustadas, felices, nerviosas o temerosas. En cada caso, las consecuencias son diferentes. El proceso inteligente de la escucha activa servirá para completar los vacíos del cerebro —que se llenan de pensamientos errantes. Si le dedicamos tiempo a la escucha activa, nos percataremos de cuándo la mente y la atención se diluyen y en ese instante oiremos una alerta que nos convoca a centrarnos.

Plan de acción:

....

Medita por un momento en lo que R. O'Donnell describe extraordinariamente en su *Mosaico de la misericordia*. Sin duda este poema puntualiza de manera brillante en qué consiste esta necesidad íntima de ser escuchados que tenemos los seres humanos:

¡Escucha! Cuando te pido que me escuches
y empiezas a aconsejarme,
no estás haciendo lo que te he pedido.

Cuando te pido que me escuches
y comienzas a decirme por qué no debería sentirme así,
no estás respetando mis sentimientos.

Cuando te pido que me escuches
y piensas que debes resolver mi problemas,
estás decepcionando mis esperanzas.

¡Escúchame! Todo lo que te pido es que me escuches,
no quiero que me aconsejes
ni que te tomes molestias por mí.
Escúchame, solo eso.

Es fácil aconsejar.
Pero yo no soy un incapaz.
Tal vez me encuentre desanimado y con problemas,
pero no soy un incapaz.

Cuando haces por mí
lo que yo mismo puedo y tengo necesidad de hacer,
no estás haciendo otra cosa
que avivar mis miedos y mi inseguridad.

Pero cuando aceptas que lo que siento
me pertenece a mí, por muy irracional que sea,
entonces puedo parar de hacerte comprender
y puedo empezar a descubrir lo que hay dentro de mí.

7

Utilizando nuestra creatividad
para escuchar mejor

*"Lo más importante de la comunicación
es escuchar lo que no se dice".*
—Peter Drucker

Todos aprendemos a adaptarnos al medio, a comportarnos con propiedad, a conectarnos en el nivel, tono y ambiente que se nos exige en determinadas circunstancias. Si recibimos una invitación y la nota dice "traje de negocios", pues sabemos cómo debemos ir vestidos. Quizá no sea nuestro atuendo preferido, pero las reglas ya están fijadas y, en aras de no romperlas, nos vestimos de acuerdo a lo estipulado.

Una manera probada de conectar es también adaptarnos al medio. En cada situación la mayoría de los seres humanos es capaz de evaluar el entorno y ajustarse a él, aunque sin perder la personalidad. Si desarrollamos habilidades para escuchar e interpretar la realidad, más fácil será la conexión exterior. Por ejemplo, entras al cine y sigues hablando como si nada pasara, pero observas que la película ya ha comenzado y de inmediato sabes que debes callarte o moderar la voz. Si no lo haces, tendrás un problema de convivencia social. En realidad, la mayoría de la gente posee la capacidad para evaluar el entorno y reaccionar a cada requerimiento. En toda situación hay que actuar como un espejo del entorno.

Si mostramos interés por lo que otra persona dice, abrimos un canal afectivo de acercamiento a su espacio y a su zona. Considero que tal actitud es relevante para escuchar y entender la realidad. El éxito de cualquier ser humano estriba en desarrollar la capacidad de escuchar el entorno. Esta va más allá del sonido porque se revela como una lectura radiográfica, casi como una ecografía del ambiente. Es como cuando alguien prueba la sal de la comida para verificar si necesita más.

Los escuchas creativos que se adaptan a la personalidad de su interlocutor y al entorno, y que podríamos denominar "escuchas-espejo", son genuinos, con principios firmes, poseedores de una gran empatía y carentes de egoísmo. Todo esto les permite ajustarse a los demás y a los diversos ambientes. Son personas a las que de verdad les interesa conversar, no como un ejercicio social, sino como una necesidad interior de compartir, —una cualidad admirable.

Ellos, ya sea por causas naturales o por elección personal, han desarrollado el "tercer oído", una capacidad especial para sintonizarse con los demás. Como el músico que nace con buen oído y toca de memoria obras muy complejas, el escucha-espejo sabe escuchar, sentir y entender lo que una situación reclama, así como el tono particular de cada interlocutor. Esto es importante para que este último se sienta cómodo y reconocido.

Hay personas que no forman parte de nuestro círculo personal, pero con las cuales es agradable compartir plenamente, incluso si nos vemos poco. Y es posible que, aunque no las contactemos durante largo tiempo, los encuentros ocasionales nos proporcionen mucho más que otras relaciones continuas.

Ahora bien, es importante saber diferenciar a los escuchas genuinos de los falsos, que por lo general son interlocutores de gran astucia intelectual que fingen escuchar para manipular la opinión de los demás. No siempre es fácil reconocerlos en una primera conversación porque son hábiles y han refinado su oficio a través de conversaciones fraudulentas.

Pero, en algún momento, se pone de manifiesto su verdadero interés. Entonces nos damos cuenta de que sus intenciones son por completo egoístas: quieren enterarse de algo u obtener alguna información que después usarán en beneficio propio. El verdadero escucha-espejo es desinteresado, abierto, sincero; el falso, oculta una doble intención aunque al final casi siempre termina por delatarse a sí mismo con algún gesto, por una palabra expresada por equivocación o con su actitud.

La comunicación "de tú a tú" nos permite alcanzar la empatía perfecta. Sin duda, resulta más complicado lograrla en un grupo donde el orador se enfrenta a la difícil tarea de encontrar similitudes entre las muchas diferencias.

Si estás en el campo de las ventas, por ejemplo, debes aprender a armonizar tu estilo de comunicación con el de tus clientes. Esto no quiere decir que tengas que convertirte en alguien distinto. Lo que significa es que, si eres una persona extrovertida, que habla en voz alta y no tiene ningún problema en ponerle el brazo sobre el hombro a un cliente, es casi seguro que te será fácil interactuar con aquellos cuya personalidad sea igual de abierta y extrovertida a la tuya.

No obstante, es muy probable que este estilo no encaje con aquellos clientes tímidos, de pocas palabras y un tanto inseguros. Si quieres triunfar en este campo, debes aprender a evitar un choque de estilos comunicativos que obviamente te pondrían a ti y a tu cliente en bandos opuestos.

No importa el grado de profesionalismo que poseas como vendedor, ni que estés ofreciendo el mejor producto o servicio, lo cierto es que tus clientes siempre preferirán hacer negocios con aquellas personas con las cuales se sienten a gusto y con quienes han logrado desarrollar una buena relación. Cuando estableces esta conexión con tus clientes, creas una sensación de confianza que permite que tu mensaje llegue con facilidad a su mente.

Y, si alguien le preguntara a tu cliente por qué ha elegido hacer negocios contigo, respondería que tú tienes convicción en tus ideas y entusiasmo por lo que haces. Y ese entusiasmo al cual tu cliente se refiere no es más que el resultado de poner en práctica estos principios de los cuales hemos venido hablando.

Nota de Ismael:

En mi programa de CNN en Español entrevisto cada día a todo tipo de personas: flexibles, rígidas, flemáticas, intelectuales, serias, cómicas, abiertas, creativas, creyentes, ateas... La lista es como la vida misma: resulta infinita —así somos los seres humanos, infinitamente diversos. Al escuchar y conversar, siempre me digo: "Soy un espejo", y me propongo dejar fluir la energía de mi interlocutor. Y claro que lo conseguimos, aunque nuestra personalidad resulte en extremo distinta.

Algunas veces he conversado con Pitbull, el famoso cantante de música urbana, y me he conectado con la parte más energética y efervescente de mi personalidad, aunque el mundo del hip hop y el rap me resulte algo lejano. Otro ejemplo son los gobernantes, que muchas veces exhiben tonos reflexivos y serios. Cuando me correspondió entrevistar a la Presidenta de Chile, Michelle Bachelet, me reflejé introspectivo, calmado y centrado. En ambos casos soy yo mismo, pero mi proyección cambia según el interlocutor. Me alegra bastante que este se haya convertido en un ejercicio inconsciente en mi carrera.

Muchas veces cito el ejemplo de la película Zelig, de Woody Allen, la cual presenta el extraño caso de un hombre con la facultad de transformarse en la réplica de la persona que tiene al lado. El buen entrevistador-escucha posee un poco de sustancia camaleónica. Forma parte de su oficio. Oprah Winfrey, una mujer a la que admiro, me ha enseñado mucho al respecto. Es la mejor escucha que he visto en televisión. Y además, la considero una gran comunicadora, capaz de mimetizarse con la energía de cada situación e invitado.

La escucha total

Escuchamos con el intelecto (con cabeza fría), con las emociones (con el corazón) o con la totalidad de nuestro ser (escucha total).

Escuchar con el intelecto ocurre cuando, mientras estás escuchando, a la vez estás juzgando, formándote opiniones y argumentando en tu interior. Tu interior no está en silencio escuchando con atención, sino debatiendo, estimando si lo que escucha es correcto o no, pensando qué responder, qué posición tomar, determinando si lo que te están diciendo va con tus propias ideas y principios.

Muchas veces la escucha intelectual termina por convertirse en un monólogo, en una exposición donde el que escucha habla consigo mismo y está encantado de escucharse mientras que el interlocutor acaba siendo poco menos que un adorno necesario.

Francamente, en medio de tanta discusión interna sería sorprendente que una persona que escucha de esta manera logre entender cualquier cosa ya que está más ocupada escuchándose a sí misma que al otro. Incluso las ideas que llegan a su mente ya no son las expresadas por el hablante, sino el resultado de sus propias opiniones. Este tipo de escucha selecciona, interpreta, recuerda lo que cree importante y elimina el resto. Así es muy difícil decir que este proceso sea el de escuchar.

Por su parte, el escucha emocional sufre un proceso de transformación algo parecido, excepto que esta vez no es el intelecto el que evalúa y juzga sino las emociones, los sentimientos. Esta clase de escucha es contraria al distanciamiento o a la cortesía frívola. Se trata de la capacidad de identificarse y caminar con el otro. Indudablemente, quien escucha de esta manera tiende a producir una evaluación más compasiva, más emotiva y mucho más profunda que la producida desde el intelecto. Es obvio que en este caso quien escucha está más compenetrado con su interlocutor, que hay una mayor empatía, que es una escucha más activa y participativa. Sin embargo, el gran peligro de escuchar solo con los sentimientos es que se suele ignorar la parte intelectual, racional y lógica.

En cambio la escucha total es aún más profunda que la emocional ya que logra armonizar el acto de escuchar desde el intelecto y el sentimiento. Es sentir con todo nuestro ser, sin prejuicios ni opiniones apuradas. La mente está más abierta que cuando el proceso está limitado a lo intelectual, y al mismo tiempo más sensata que cuando depende solo de los sentimientos. La escucha total es sin duda la manera más empática de escuchar. Sin embargo, la escucha total no se da de manera natural. Requiere esfuerzo.

Plan de acción:

....

Es muy importante tener en cuenta que, de no ser bien controladas, las emociones también actúan como interferencias en el proceso de la escucha. Procura tener en cuenta que:

1. Escuchamos al otro con lo que somos y con lo que sentimos, pero esos son nuestros sentimientos. Además, en la interacción surgirán en nosotros nuevas emociones y sentimientos en relación con la persona o con lo que ella nos está comunicando. Por eso a la hora de escuchar es prudente preguntarnos con qué emoción o sentimiento estamos escuchando.

2. Es obvio que todo lo que se mueve en nuestro interior —pensamientos, primeras impresiones, ideas irracionales, prejuicios inconscientes y creencias— llega a dificultar o bloquear el proceso de escuchar. Si somos capaces de comprender los mensajes verbales a una medida de 600 palabras por minuto, y la conversación normal ocurre a una velocidad de 100 a 140 palabras durante ese mismo lapso, es obvio que, mientras el otro habla, nosotros tengamos bastante tiempo para distraernos. Nuestro objetivo es reducir el efecto de todos estos procesos mentales para que no se conviertan en un ruido e interfieran en la comunicación.

8

El gran valor del silencio durante la comunicación

"Valor es lo que se necesita para levantarse y hablar,
pero también para sentarse y escuchar".
—Winston Churchill

Uno de los objetivos que buscamos al comunicar es acercarnos al otro, conocerlo; también es posible que, en ocasiones, deseemos persuadirlo o convencerlo. La cuestión es que, independientemente de cuál sea el objetivo, siempre intentamos hacerlo a través de la palabra. Pocas veces optamos por el silencio; casi nunca callamos, y cuando lo hacemos, es solo para prepararnos para la siguiente arremetida. Por alguna razón, tememos que nuestro silencio sea interpretado como un signo de vacío, falta de interés o argumentos. Y este temor se acentúa aún más en la sociedades occidentales donde la palabra es considerada como la única forma valiosa de expresar lo que pensamos. Se da por hecho que, si alguien calla, es porque no tiene nada valioso que decir; si se le ha acusado de algo, su silencio se toma como prueba de que no tiene cómo demostrar su inocencia y por consiguiente acepta su culpabilidad callándose.

Contrario a lo que muchos piensan, el silencio no es la ausencia de comunicación. De hecho, el silencio es el mejor aliado cuando no tenemos nada importante que decir. Es curioso, pero somos los únicos seres de la naturaleza que comemos cuando no tenemos hambre, bebemos sin tener sed y hablamos aunque no tengamos nada bueno que decir.

El Dr. Eddie Armas dice que la lengua es un músculo que no se agota. La garganta se seca de tanto hablar, la mandíbula se cansa, pero nadie ha dicho todavía que se le ha cansado la lengua. La lengua salva y hunde; es una bendición o un tormento; es una bestia salvaje que necesitamos domesticar con la mente. La virtud de saber escuchar se asocia con los sabios porque ellos saben callar y escuchar. Pero, para comprender esta verdad, necesitamos estar en paz con el silencio y aprender a apreciarlo como parte de nuestra salud y bienestar espiritual.

Nota de Ismael:

Intento hacer entrevistas sin prejuicios. Tampoco emito juicios, pero la tarea no es fácil porque debo inquirir a los invitados sobre muchos asuntos, incluyendo algunos muy personales. A veces prefiero el silencio. En ocasiones interrumpo para repetir una frase o concepto clave y así brindarle al televidente una segunda oportunidad para comprender aún más ciertas opiniones.

Por ejemplo, Sharon López es una mujer fascinante, de más de 60 años, que vive con VIH desde 1991 y se desempeña como activista-educadora. Dos veces la he entrevistado porque ella enseña a vivir con la enfermedad y a luchar contra los estigmas y la discriminación. En nuestra segunda conversación sobre el estigma de su enfermedad, Sharon me contó:

"Ismael, haberme contagiado con el sida fue un regalo de Dios".

De inmediato, usando la técnica de escucha intencional, la interrumpí repitiendo su frase:

"Haberte contagiado de VIH es un regalo de Dios".

Entonces ella explicó que, antes de contagiarse, llevaba una vida sexual libre y sin protección. Pero, cuando recibió el desalentador diagnóstico sobre su esperanza de vida, comenzó a valorar lo que somos como seres humanos. Se propuso sobrevivir y vencer a la enfermedad, y así lo ha hecho por más de 20 años.

Yo guardé silencio mientras Sharon contaba su testimonio ya que poco tenía que aportar; me limité a guiar la conversación. En este caso, el gran mensaje estaba en la voz y la experiencia de mi interlocutora, no en mí.

El silencio es oxígeno, respeto. Dependiendo del contexto, también significa aceptación o indiferencia. "El que calla otorga", dice un popular refrán; aunque a veces un silencio intencional no significa aceptación, sino un método para evitar confrontaciones estériles. Es evidente que no siempre tenemos una respuesta para todo y no debemos sentirnos obligados a decir algo. Démonos permiso para responder "no sé".

Todos necesitamos dosis de oración, silencio, meditación y recarga espiritual. Hay una gran variedad de libros sobre técnicas de meditación, terapias de silencio y métodos para aprender a conocerlo. Utilízalos, somete tu lengua para aprender a escuchar. El silencio es el mejor de nuestros aliados, no un enemigo. El verdadero enemigo es nuestro ego, —que vive del ruido. Sin darnos cuenta, tratando de acallar las voces del miedo, preferimos el ruido y creemos que ya estamos acostumbrados a él, pero no, simplemente lo soportamos.

Apaciguar la mente y aprender a amar el silencio y la soledad es un gran reto para muchos. Meditar es mirar hacia dentro, hurgar en espacios desatendidos de la conciencia. Es dejarte ir, fluir, hacer un alto en la carrera del yo para recargarte del aire puro que renueva el espíritu.

Al meditar, imagina que tu cerebro es un computador. Traslada los pensamientos negativos al cesto de basura para que desaparezcan; llévalos al departamento de desperdicios. Imagina un río que fluye en otoño; hay muchas hojas de diversos colores que caen al agua. Son los pensamientos que afloran en tu mente. Quédate en silencio, déjalos ir, como las hojas que se lleva el río, no los entretengas, no los desarrolles, déjalos correr. Que se los lleve el río.

Plan de acción:

Recuerda que la comunicación es un camino de dos vías: hablar y escuchar —y esta última requiere de callar, de guardar silencio—. No solo porque, como reza el viejo adagio, "a veces el silencio es más elocuente que las palabras", sino porque el silencio es prerrequisito para prestarle atención a tu interlocutor, captar su mensaje por completo y demostrarle que estás escuchando activamente. Ten presente esto cuando tu interlocutor esté hablando y te sientas tentado a interrumpirlo:

1. Cuando alguien dice que "se ha roto la comunicación" es muy probable que a lo que se esté refiriendo sea a su propia incapacidad para escuchar a los demás debido en parte a que pasa más tiempo pendiente de lo que va a decir que dispuesto a prestarle atención a lo que otros desean comunicarle. Debes aprender a acallar tus pensamientos con el fin de concentrarte en lo que tu interlocutor te está diciendo.

2. Usa la música para desarrollar tu capacidad de escuchar. Busca algunas canciones que hayas oído de pasada, pero cuya letra no recuerdas. Analiza palabra por palabra, frase por frase, todo lo que dice y lo que quiere decir, más allá de las palabras.

9

El arte de escuchar con todos los sentidos

"Algunos oyen con las orejas; otros, con el estómago;
también hay quienes oyen con el bolsillo;
pero muchos no oyen en absoluto".
—Khalil Gibran

De las diez habilidades que los gerentes consideran como las más importantes en el desarrollo de su trabajo, seis detectadas en un estudio realizado por la Universidad de Brigham Young están directamente relacionadas con la capacidad para saber escuchar, y son: obtener retroalimentación de clientes internos y externos; escuchar; explicar sus funciones a los nuevos miembros del equipo; dar instrucciones claras y efectivas; identificar y solucionar problemas o situaciones conflictivas a nivel empresarial; delegar responsabilidades de manera eficaz; comunicar decisiones y objetivos al equipo de trabajo. Y aunque al leerlas todas ellas parecieran estar relacionadas solo con la expresión oral, lo cierto es que, para realizarlas de manera efectiva, se requiere de retroalimentación, para lo cual es imprescindible escuchar con atención.

No hay la menor duda de que, si la boca está abierta y la lengua no está quieta, los oídos están cerrados. Una investigación reciente dirigida por una importante organización de ventas demostró que cuatro de cada cinco quejas de los clientes se atribuyen a que los vendedores y gerentes carecen de la habilidad para escuchar con eficacia.

En su afán por convertirse en buenos comunicadores, muchos le prestan atención a su forma de hablar, pero olvidan que, para que la comunicación sea exitosa, alguien debe estar escuchando. Y en la mayoría de los casos ese alguien debemos ser nosotros mismos. Comparada con otras habilidades que a lo mejor consideras más importantes, saber escuchar es la que más te ayudará a convertirte en un gran comunicador. Descubrirás que, en ocasiones, serás el mejor comunicador del mundo solo por tener la capacidad de escuchar con atención.

Saber escuchar es una de las artes más importantes de la comunicación y, tristemente, una de las que menos se practica. ¿Sabías tú que fuera de respirar, la actividad en la cual el ser humano emplea una mayor cantidad de su tiempo es en escuchar? ¡Sí! Lo curioso e inexplicable es que recibamos mayor entrenamiento sobre cómo saber escribir —un acto que realizamos solo el 9% del tiempo— mientras que en aquello en lo cual empleamos el 45% del día, que es escuchar, rara vez recibimos alguna clase de capacitación.

Escuchar es una habilidad y, por lo tanto, se puede mejorar. Y al optimizarla, mejorarás también tu nivel de efectividad, tus relaciones interpersonales, tu productividad en el trabajo, en los estudios y en muchos otros aspectos de tu vida.

En las relaciones de pareja, por ejemplo, se ha encontrado que una de las mayores quejas por parte de los esposos o esposas es que, según ellos, su pareja no los escucha. También es muy común escuchar entre adolescentes afirmaciones como: "En casa no me entienden", "Mis padres nunca escuchan lo que yo tengo que decir" o "A nadie le interesa mi opinión". Todos estos son gritos desesperados de personas que desean ser escuchadas.

Escuchar es igual de importante en el campo empresarial, y a pesar de su importancia, se ha descubierto que el ejecutivo promedio escucha con una efectividad de tan solo el 25%. Imagínate tratando de triunfar en el área profesional con un porcentaje tan bajo de efectividad.

Muchos de los que se quejan de su mala memoria creen que la causa de sus olvidos frecuentes está en una deficiencia física o en una incapacidad mental, pero en la gran mayoría de los casos el origen de su mala memoria radica en su pobre capacidad para escuchar. Escuchar con efectividad es un comportamiento aprendido. Nadie nació con esta habilidad. Todos la hemos adquirido; bien o mal, pero la hemos aprendido y podemos continuar perfeccionándola. Todos estamos en capacidad de aprender unas simples reglas que, de ser aplicadas, optimizarán nuestra efectividad al escuchar.

Jugando al teléfono descompuesto

Recordarás que de niños solíamos jugar al "teléfono descompuesto". Un grupo de niños nos sentábamos en el suelo formando un círculo. El objetivo era que uno de nosotros dijera un secreto al oído de su compañero de juego más próximo. Nadie debía hacer preguntas, ni repetir lo que había dicho. Cada participante se limitaba a escuchar y luego le pasaba en voz baja el secreto al siguiente jugador, y así hasta que el mensaje llegaba al lugar de donde había partido. Lo gracioso del juego era que, en la mayoría de los casos, el mensaje que llegaba al último participante era completamente distinto al que había salido del primero. Y entre más diferente fuera, más divertido resultaba el juego.

En muchas empresas la comunicación es tan pobre que es como si los miembros del equipo estuviesen jugando al teléfono descompuesto. Así de ineficiente es su comunicación. El problema es que, en este caso, el juego termina costando tiempo, esfuerzo y dinero.

De hecho, la Universidad de Minnesota dirigió una investigación para encontrar la causa de los errores más comunes cometidos por diversas empresas, los cuales casi siempre eran atribuidos a los malos entendidos. El estudio concluyó que el 59% de ellos es el resultado directo de escuchar deficientemente, mientras que solo el 1% se debe a faltas relacionadas con la comunicación escrita.

El Dr. Robert Montgomery, comunicador internacional y experto en el arte de saber escuchar, ha identificado ciertas características comunes en las personas que no saben escuchar, comportamientos que obstruyen la comunicación efectiva. En lo que resta de este capítulo y en el siguiente encontrarás algunas de estas conductas de manera que puedas reconocerlas y corregirlas. Conseguirlo no siempre es tarea fácil, pero, si eres consciente de ellas, lograrás aprender este gran arte, pieza vital para llegar a ser un gran comunicador.

La falta de atención: el pecado más grande

Los mejores comunicadores escuchan con empatía. El diccionario define la palabra "escuchar" como: prestar atención. Pero escuchar es mucho más que eso. Según el Dr. Montgomery, escuchar es lograr colocarte en la situación de la otra persona y ver las cosas desde su punto de vista; algo que no suele suceder muy a menudo. La mayoría de nosotros no se concentra en el punto de vista del otro y por esta razón nunca llega a entenderlo a cabalidad. Estamos tan enfocados en nuestras propias ideas y puntos de vista que ni siquiera oímos lo que nos están diciendo.

Otra causa de la falta de atención es que solemos caer víctimas de todo tipo de distracciones internas o externas que no nos permiten escuchar atentamente. Evitar las distracciones físicas y mentales requiere de disciplina, pero se puede lograr.

Debemos prestar atención y evaluar todos los aspectos de lo que nos están diciendo y de cómo no lo están diciendo. Esta evaluación nos proporcionará el verdadero significado del mensaje que nos están transmitiendo y nos permitirá formarnos una opinión adecuada al respecto.

Como ya hemos visto, muchas veces el mensaje hablado expresa una idea mientras que la expresión corporal, otra. Si no estamos prestando atención, se nos podría escapar la parte más importante y significativa de lo que nos están comunicando.

Es importante saber interpretar el significado del lenguaje corporal para evitar llegar a una conclusión incorrecta. Prestar atención no es tratar de encontrar significado en el más intrascendente de los gestos y movimientos del interlocutor. Hay quienes están tan preocupados por no perder ningún detalle del lenguaje corporal y los gestos del hablante que no escuchan lo que les están diciendo. Entonces, escucha y préstale atención a tu interlocutor, pero a la vez préstales igual atención a los demás aspectos de su mensaje, en especial, al énfasis que hace en sus palabras.

Algunas investigaciones indican que el empresario promedio emplea más o menos el 30% del día escuchando a los demás. ¿Por qué es entonces tan importante prestar atención? Porque un oyente ineficaz tiende a olvidar hasta el 25% de la conversación en menos de tres o cuatro horas, y hasta el 75% de lo que ha oído al cabo de 24 horas. Es más, si le preguntas en el mismo momento sobre lo que acaba de escuchar, será capaz de recordar y repetir apenas la mitad de lo que ha escuchado. El gran peligro es que, como consecuencia de esto, muchos empresarios toman decisiones basados en una pequeña fracción de la información que recibieron. Todo, debido a la falta de atención.

Nota de Camilo:

Una misma oración, cinco ideas distintas

El significado de una oración cambia por completo dependiendo del énfasis que pongamos en cada una de sus palabras. El énfasis es muy importante porque refleja el nivel emocional del hablante con respecto a lo que está diciendo. Por ejemplo, la siguiente oración tiene cinco significados distintos, dependiendo de la palabra sobre la cual hagas énfasis. Lee en voz alta y enfatiza en la palabra que se encuentra en mayúsculas para que escuches la gran diferencia entre todas ellas.

Si dices: "YO *nunca dije que él se hubiese robado el dinero"*, ese énfasis significa que TÚ nunca dijiste eso. A lo mejor otra persona lo dijo pero no tú.

Muy distinto es decir: "Yo nunca DIJE que él se hubiese robado el dinero". En otras palabras, pudiste haberlo pensado, lo sospechabas, pero nunca lo dijiste.

También puedes decir: "Yo nunca dije que ÉL se hubiese robado el dinero", lo cual cambia el significado de la oración a pesar de que las palabras y el orden en que se encuentran es el mismo. ¿Sí ves?

Ahora, si dices: "Yo nunca dije que él se hubiese ROBADO el dinero", pues ahora estás dando a entender que lo que dijiste es que a lo mejor él lo tomó prestado, que de pronto olvidó regresarlo, pero el hecho era que el dinero no estaba.

Por último, si cambias una vez más la palabra en la cual haces énfasis y dices: "Yo nunca dije que él se hubiese robado el DINERO", ahora lo que estás insinuando es que dijiste que él a lo mejor se había robado otras cosas, pero que del dinero nunca hablaste.

¿Ves cómo al cambiarle el énfasis a una sola palabra cambia por completo el significado del enunciado? ¿Pero qué tiene que ver esto con lo que venimos hablando? Pues demuestra que, si no estamos prestando atención, es posible que algo tan sencillo, pero tan significativo como el énfasis en una sola palabra, se nos escape y con ello también se pierda el verdadero significado del mensaje produciendo confusión, malos entendidos y, por supuesto, mala comunicación.

El riesgo de sacar conclusiones apresuradas

Por lo general, quienes caen en el mal hábito de apresurarse a sacar conclusiones lo hacen porque están más interesados en lo que van a decir cuando sea su turno que en lo que su interlocutor les está diciendo. Asegúrate de no estar pensando en lo que vas a responder mientras otros hablan. El secreto para establecer una comunicación efectiva es estar genuinamente interesado en lo que te estén diciendo.

Algunos llegan al colmo de interrumpir a quien está hablando para tratar de terminar su idea, lo cual nunca genera resultados positivos. Por un lado, corren el riesgo de sacar la conclusión errada, o de que, si es la conclusión correcta, la otra persona sienta que le robaron su idea y le quitaron el crédito produciendo así resentimiento en ella. Así que evita hacer esto a toda costa.

Esto no quiere decir que no vayas formándote una idea de hacia dónde va la conversación. Porque, si tu conclusión resulta ser verdadera, esto quiere decir que estabas en lo cierto. Si no lo es, ahora tendrás otro punto de vista y podrás establecer comparaciones entre los dos.

Plan de acción:

Durante las próximas semanas quiero que realices una evaluación consciente del nivel de atención que les prestas a otras personas cuando hablan:

1. Examina si utilizas un lenguaje no verbal apropiado para dejarle saber a tu interlocutor que lo estás escuchado con atención. Practica mirarlo de frente y mantener contacto visual. Determina si tienes la tendencia de distraerte con demasiada facilidad.

2. Demuestra interés en los puntos de vista ajenos. Recuerda que cada persona tiene opiniones y criterios propios, y que lo ideal es escuchar con la mente abierta, dirigiendo la atención al interlocutor y dejando a un lado tus prejuicios personales.

3. Al tiempo que cuidas de tu propio lenguaje corporal, asegúrate de prestarle atención al lenguaje corporal de tu interlocutor porque esta es una herramienta poderosa para mejorar tu capacidad de escuchar.

10

Tres pecados capitales de quien escucha

*"No voy a dejar de hablarle solo porque no me esté
escuchando. Me gusta escucharme a mí mismo. Es uno
de mis mayores placeres. A menudo mantengo largas
conversaciones conmigo mismo, y soy tan inteligente
que a veces no entiendo ni una palabra de lo que digo".*
—Oscar Wilde

La peor ofensa: cuando interrumpes a quien habla

La próxima vez que estés conversando con alguien quiero que observes lo común que es el mal hábito de interrumpir. Si la conversación es entre tres o más personas, en un par de minutos aquello parecerá un circo y habrá perdido totalmente su rumbo. Es difícil creer que alguno de los participantes recuerde algo de lo que se dijo cuando nadie tuvo la posibilidad de terminar ninguna idea.

En algunas reuniones sociales las interrupciones son toleradas, si no aceptadas, como parte de la dinámica de la conversación. Esto casi siempre ocurre en cierto tipo de situaciones en las que no es demasiado importante recordar ni entender a cabalidad las ideas presentadas.

El problema es que, una vez que adquirimos la costumbre de interrumpir a los demás en estas charlas casuales, tendemos a hacerlo también en el hogar, el trabajo, y en conversaciones de mayor trascendencia donde las consecuencias de este mal hábito tienden a ser mucho más graves. En cierta ocasión un vicepresidente comercial de una empresa de telecomunicaciones comentaba que le había tocado despedir a uno de sus representantes de ventas porque sus clientes se quejaban de que nunca los dejaba hablar.

No deberías interrumpir a tu interlocutor. La paciencia es una forma de sabiduría trascendental, incluso en una conversación de negocios, cuando alguien no para de hablar. Respira profundamente, abandona la agenda personal y escucha. Si no crees poder hacerlo, piensa en el terapeuta que escucha a un paciente o en las personas que cuidan a un familiar con Alzheimer. La paciencia que procede de ponerse en la piel del otro, de la sinergia creada entre las partes, también debe servirle al entrevistador o participante en cualquier conversación.

La lección es sencilla: ¡No interrumpas! Interrumpir es lo mismo que tomar tu mano, ponerla sobre la boca de tu interlocutor y comenzar a hablar. Imagínate haciendo esto con tu esposa, tu jefe o tus clientes. Absurdo, ¿no es cierto? Sin embargo, las dos situaciones, taparle la boca o interrumpir a alguien, dicen lo mismo de ti y crean los mismos sentimientos en tu interlocutor: resentimiento, enojo y rechazo. Por supuesto, si le tapas la boca, es posible que recibas de inmediato una respuesta física que no dejará dudas sobre la manera en que él se siente ante este agravio. Si le interrumpes, es posible que no te responda físicamente, pero el sentimiento interno, la semilla de ese agravio quedará ahí dentro, y si continuas haciéndolo con frecuencia, muy pronto recibirás tu respuesta. Tenlo por seguro. Es ahí cuando encuentras esposos o esposas que dicen: "¡Ya no más! Me voy porque estoy cansado o cansada de que nunca me escuches".

Hay pocas cosas tan frustrantes y ofensivas como ser interrumpidos cuando estamos hablando. A todos nos disgusta la gente que interrumpe. Se vuelven poco populares, pierden sus amigos y lo peor de todo, terminan por ser ignorados y no escuchados. Como dice el viejo refrán: "Con la vara que mides, serás medido".

El problema es que todos tenemos la tendencia a interrumpir. Lo hacemos cuando una idea se nos ha venido a la mente o cuando las palabras de quien habla nos recuerdan algo y sentimos la urgencia de compartirlo con él o ella antes de que se nos olvide.

Aprende a hablar cuando sea tu turno. Muérdete la lengua si es necesario, pero no interrumpas. El único momento en que una interrupción se justifica es cuando necesitas una aclaración inmediata sobre algo que la otra persona haya dicho y que posiblemente no salga a flote más adelante. Por ejemplo, un precio, una fecha, cifra o dato estadístico. También es aceptable interrumpir para asegurarte de que has entendido bien el nombre completo de alguien.

Inclusive en estos casos, debes tratar de suavizar la interrupción diciendo algo como: "Disculpe que le interrumpa, ¿cómo deletrea el nombre que acaba de mencionar?" o "Perdón, ¿podría repetir esa fecha, por favor?"

Nota de Ismael:

Cuando, por cuestión de tiempo, sea necesario interrumpir a tu interlocutor, asegúrate de hacerlo con tacto y delicadeza. Este comportamiento es un arte para los profesionales de los medios. Al principio me costaba mucho trabajo moderar un panel con varias personas y un tiempo determinado de exposición. Recuerdo a un participante que se extendía demasiado, más allá del tiempo pactado. Yo necesitaba llevar el programa a buen término y permitir al menos tres o cuatro preguntas del público. Entonces tuve que esperar un punto en su exposición y decirle: "Muchas gracias, excelente punto para retomar en el siguiente segmento".

Ahora, si interrumpir es ofensivo, interrumpir y cambiar el tema es desafiante, es un insulto hacia tu interlocutor. Algunos hacen esto con tanta frecuencia que los demás tratan de evitarlos a toda costa para no convertirse en sus próximas víctimas.

Cambiar el tema suele eliminar cualquier opción de mantener viva la comunicación. Si involucrar a los demás en la conversación es una excelente manera de llegar a su cerebro primario y lograr que abran su mente a nuestras ideas, cambiar el hilo de la conversación es una manera segura de conseguir todo lo contrario.

¿Hay alguien ahí?
Cuando no respondes a lo que escuchas

Otra experiencia altamente frustrante es estar hablándole a alguien que no da señales de estar escuchándote. Hay interlocutores que ni siquiera dan señales de vida. Habrás escuchado la expresión: "Hablar con Fulano es como hablarle a una pared" ¿Quieres ser un buen escucha? ¡Responde! Sé un oyente activo, tanto con tu postura como con tus comentarios.

Déjale saber a tu interlocutor tu interés por lo que está diciendo. Hazle preguntas. Preguntar no solo aclara las opiniones expresadas y nos permite ver las cosas desde el punto de vista del otro, sino que mantiene la conversación dinámica y el ambiente abierto a un mejor intercambio de ideas. No obstante, ten cuidado de que no se te convierta en un interrogatorio.

En muchos tipos de conversaciones profesionales o de negocios es difícil "romper el hielo" e iniciar la conversación. Muchas personas, particularmente si no las conocemos muy bien, son reacias a darnos cualquier clase de información acerca de sí mismas. Una buena manera de lograr que se abran a nosotros es darles primero cierta información nuestra para luego sí preguntarles acerca de ellas.

Cuando la impaciencia pone fin a la conversación

¿Alguna vez te has encontrado en la incómoda posición de estar hablando con alguien que está mirando con frecuencia su reloj o cuya mente es obvio que está en otro lado? Esas no solo son muestras de imprudencia, sino que denotan falta de interés en lo que se está diciendo. El caso extremo es el de quienes, con palabras, gestos o expresiones corporales, apuran a quien tiene la palabra.

Algunos argumentan que, en ocasiones en que tenemos prisa, no podemos ser demasiado pacientes. Sin embargo, una mejor opción es que, si no vamos a tener tiempo suficiente para escuchar, informemos que contamos solo con unos minutos o propongamos aplazar la conversación o la reunión para otra oportunidad en que tengamos más tiempo disponible.

Ten siempre presente la siguiente frase: "Ganas más amigos en dos meses mostrando tu interés hacia los demás que en dos años tratando que los demás muestren interés en ti".

La gente impaciente también tiende a dejar que sus emociones la controlen mientras habla. Debemos entender que, cuando tratamos ciertos temas como la política, la religión o los valores personales, vamos a encontrar opiniones e ideas contrarias a las nuestras. Un gran comunicador aprende a tener en cuenta las emociones, opiniones y valores de los demás y a mantener una perspectiva clara de lo realmente importante.

Por ejemplo, si tus apreciaciones políticas difieren de las de tu cónyugue, no permitas que estas diferencias se interpongan en tu relación de pareja. En una discusión sobre este tema, asegúrate de mantener tus emociones bajo control. Defiende tu posición, pero mantén siempre presente que más importante que tu punto de vista político es tu relación. Si quieres tener buenas relaciones interpersonales, recuerda que el interés en los demás, el tacto, la empatía y la diplomacia logran más que una acalorada polémica.

Plan de acción:

En este capítulo hemos visto tres hábitos responsables de una pobre comunicación. Si quieres saber cuáles posees, aquí van algunas de las tareas más difíciles:

1. Pídele a algunos de tus familiares, conocidos o amigos que te evalúen en cada uno de estos tres malos hábitos. Te sugiero que una de estas personas sea tu pareja, uno de tus hijos, un buen compañero de trabajo o un amigo cercano.

2. Durante esta semana quiero que le prestes especial atención a tu habilidad para escuchar proactivamente. Pregúntales a aquellos con quienes te comunicas a diario si es fácil hablar contigo. Si descubres que debes cambiar algo, pues manos a la obra.

11

El verdadero líder sabe escuchar

*"Escuchar es más importante que hablar.
Si esto no fuera cierto, Dios no nos hubiera dado dos oídos
y una boca. Demasiadas personas piensan con su boca
en vez de escuchar para absorber nuevas ideas y
posibilidades. Discuten en lugar de preguntar".*
—Robert Kiyosaki

Si hay algo que nos ha quedado claro durante el proceso de investigación de cada concepto presentado en este libro y sus aplicaciones al campo empresarial es el hecho de que un verdadero líder sabe escuchar. No cabe la menor duda de que esta es una de sus mayores virtudes: escuchar a la gente, a sus empleados, a sus detractores, a sus aduladores y a sus críticos. Escuchar redondea la unidad sensorial que se alcanza al observar, analizar, evaluar y proyectar. Es difícil desarrollar la capacidad de escuchar sin hacer prejuicios. El gran reto es poder colocarnos en el lugar de otro sin juzgar, ni temer, ni desconfiar. Esto requiere replantear muchas actitudes aprendidas en la infancia. A los niños se les dice: "No hables con extraños, cuidado con la gente que te ofrece cosas en la calle, desconfía de quien se te acerque demasiado". Creo que todas estas constituyen preocupaciones propias de cada familia, pero el miedo va sembrándose en el subconsciente.

La presión grupal también nos condiciona en la adolescencia y tal parece que no tenemos más remedio que asumir los códigos de una determinada comunidad de intereses. ¿Cuántas veces nos dijeron "no" en la infancia? ¿Cuántas siendo ya adultos? La realidad es que todos podemos trabajar en el presente nuestras aptitudes de liderazgo reprimidas en otro momento. Ya no importa cuándo, eso es solo parte del pasado. Un verdadero líder acepta a los demás sin resultados anticipados.

Siempre he admirado a la Madre Teresa de Calcuta, una auténtica líder desde cualquier punto de vista. Su ejemplo en el combate contra la pobreza y la exclusión, nadando incluso a contracorriente, es digno de imitación a la hora de buscar virtudes en lo más profundo del alma. Por su trabajo anónimo en los barrios marginales de Calcuta ella se convirtió en una celebridad mundial.

La devoción con la que la Madre Teresa representó la pasión de Cristo para ayudar al ser humano es clave para entender su liderazgo. Fundó las Misioneras de la Caridad y hoy vive en la Historia como testimonio de amor y esperanza. Como apuntó la prensa católica tras su muerte, ella nos enseñó que la mayor pobreza no estaba en los arrabales de Calcuta, sino en los países más ricos cuando les falta el amor. La Madre Teresa abordó el tema de la pobreza espiritual, algo que no deberíamos olvidar nunca. A veces siento que mi propósito en la vida es comunicarme directamente con otras personas y compartir la inquietud y el camino hacia la sabiduría universal. De hecho, hago radio y televisión con la condición de que mis proyectos contribuyan a ese objetivo. El líder que todos llevamos dentro debe ser como Teresa de Calcuta, un patrón de amor, conciencia, acción y responsabilidad con el prójimo.

Nota de Ismael:

Presentar un programa de entrevistas por el que ha pasado gente muy exitosa me ha permitido entender el camino hacia el liderazgo. De ellos he aprendido mucho, les debo una parte de lo que hoy sigo alcanzando. Todas las conversaciones me han deparado beneficios: escucho, aprendo, valoro lo que me cuentan. Entre los entrevistados he compartido con líderes de muy diversos ámbitos. Uno de ellos es Roberto Kriete, CEO de la aerolínea TACA. Él es continuador del legado de su abuelo en Salvador y es un verdadero visionario. ¿El secreto? Ha escuchado su llamado en la vida, sabe escuchar a quienes le rodean y lidera un proyecto con el respeto merecido.

Cuando conversé con Michelle Bachelet, tras su primer mandato en Chile, aprendí en qué consiste ser un auténtico líder político. Entendí que esto requiere total dedicación al servicio público, a escuchar las peticiones de los ciudadanos y gobernar de forma conciliadora. Durante la entrevista ella dejó ver cuánto disfruta sirviéndoles a los demás y cuánto recibe por lo que da.

Dale Carnegie afirma que es mucho más fácil interesarnos por otros que convencer a otros de que se interesen en nosotros. Cada noche digo en mi programa que "el secreto del buen hablar es saber escuchar". Esta frase resume la esencia de la escucha inteligente. Poniéndola en práctica podemos sostener una conversación provechosa con cualquier persona, incluso con desconocidos.

Plan de acción:

Domestiquemos la mente. Convirtámonos en la clase de persona con cual otros quieran asociarse. Cuando abrimos nuestra mente al intercambio de ideas y experiencias conocemos de manera más profunda a nuestro interlocutor. He aquí algunas ideas que nos ayudarán a lograr esto:

1. Cuando estés escuchando a un cliente, empleado o asociado evita las distracciones externas, apaga el teléfono móvil, la música o los ruidos y ubícate donde no veas la pantalla de tu computadora ni caigas a merced de otras distracciones. De igual manera, evita las distracciones internas, los prejuicios, opiniones y preocupaciones que no tienen relación alguna con la conversación.

2. Controla tus emociones, sobre todo las negativas, o críticas que puedan conducirte a la desconexión con tu interlocutor.

3. Una forma de asegurarte de que estás entendiendo lo que te están diciendo, y al mismo tiempo dejarle saber a tu interlocutor que estás prestándole atención, es resumiendo de vez en cuando lo dicho. Utiliza expresiones como: "En otras palabras, si te he entendido bien....", "En resumen, lo que me estás diciendo es que...", o "Si no te he entendido mal, lo que quieres decir es que..."

Tercera parte

Saber comunicarse

12

Llegando a la mente de los demás

*"Sean cuales sean las palabras que usamos,
deberían ser usadas con cuidado porque la gente que
las escuche será influenciada para bien o para mal".*
—Buda

La acción de leer un libro es comparable con una calle de una sola vía puesto que la información fluye exclusivamente del libro hacia el lector. De otro lado, la comunicación interpersonal se asemeja más a una calle de dos vías ya que la información fluye de la persona "A" a la persona "B", quien la asimila, la evalúa, la asocia o compara con la información contenida en su mente subconsciente y después da una respuesta, así las dos juegan el papel de interlocutores, percibiendo, asimilando y evaluando información durante todo el proceso.

Puesto que gran parte de este proceso ocurre en el interior de nuestra mente, sería correcto decir que es imposible comunicarnos a menos que logremos penetrar en el cerebro, en la mente de nuestro interlocutor. La comunicación efectiva es mucho más que la simple transferencia de información de un receptor al otro.

Antes de que la información llegue a la parte racional del cerebro debe pasar a través de un puente, conocido como cerebro primario. Este cerebro primario, o sistema límbico, como también se le conoce, es la parte instintiva e intuitiva del cerebro. Una de sus funciones básicas es garantizar nuestra supervivencia alertándonos de todo aquello que pueda representar un peligro para nosotros. Así que, como te imaginarás, este cerebro primario es un guardián muy cauteloso al momento de decidir cuál información aceptar y cuál no.

Siempre que enviemos un mensaje, transmitamos una idea o comuniquemos algo debemos preguntarnos: ¿Permitirá este guardián el paso de dicha información? ¿Llegará mi mensaje a su destino o será rechazado por el celoso guardián mental de mi interlocutor?

Cada vez que trasmitas una idea lo primero que el cerebro de quien te escucha estará buscando responder es: ¿Tengo frente a mí a un amigo o a un enemigo? ¿Me inspira confianza o desconfianza? ¿Seguridad o inseguridad? Y basado en lo que determine, el cerebro facilitará o negará el acceso de tu mensaje a su centro de procesamiento de información y toma de decisiones. Él determina qué información pasará para ser analizada y utilizada en la toma de decisiones y qué información será rechazada o ignorada.

¿Qué quiere decir esto? Que antes de que nosotros tengamos que preocuparnos por lo que va a decidir nuestro interlocutor, cuál será su respuesta o qué opinará sobre nuestra propuesta tenemos que asegurarnos de que la información llegue a su destino.

Piensa, ¿cuántas veces quizá tú mismo has perdido una gran oportunidad porque no lograste que tu interlocutor ni siquiera te escuchara con total atención? Estaba oyéndote, pero tú captabas que tu mensaje no le estaba llegando. En la relación de pareja, por ejemplo, una de las quejas más comunes es: "No importa qué tanto le explique a mi pareja lo que siento, no logro que me entienda. Es como si le estuviera hablando a la pared". Muchos padres suelen decir: "No logro que mi hijo analice o considere siquiera lo que le estoy diciendo. Es como si no me quisiera escuchar".

Todas estas situaciones son evidencia de una sola cosa: no hemos logrado que el cerebro primario del interlocutor permita que nuestro mensaje llegue a su destino. Es por esta razón que personas competentes, conocedoras y preparadas muchas veces no logran comunicar su mensaje por más lógico que sea.

¿Cómo lograr el permiso del cerebro primario? No con la lógica de la parte verbal de tu mensaje (la información en sí) sino con la confianza, el entusiasmo y la armonía que inspiren la parte vocal (tu manera de hablar, tono, volumen) y visual (tu lenguaje corporal) del mensaje. Ninguna de las excusas comunes va a cambiar esta realidad.

Tú pensarás: "Esa no es mi personalidad", "Lo que sucede es que yo no soy así", "Yo no soy extrovertido", "El problema es que me pongo muy nervioso", "No tengo esa capacidad de convencimiento" o "Es que yo no sirvo para hablar en público". Sin embargo, antes de utilizar cualquiera de estas excusas, pregúntate: ¿Quieres triunfar? ¿Quieres tener mejores relaciones interpersonales? ¿Quieres ser más persuasivo? ¿Quieres lograr el apoyo de los demás? Entonces debes aprender cómo llegar a la mente de tu interlocutor.

Esto se vuelve particularmente importante cuando hablamos de temas difíciles o de situaciones problemáticas. Es decir, cuando debemos comunicar ideas que de antemano sabemos que a lo mejor no serán bien recibidas: una mala noticia o una llamada de atención.

Plan de acción:

....

El siguiente plan de acción te brindará algunas ideas que te ayudarán a comunicar hasta los mensajes más difíciles e incómodos sin que tu interlocutor se sienta agredido o crea que no ha sido tratado con justicia o respeto:

1. Si debes llamarle la atención o hacerle una crítica a alguien, asegúrate de hablar de lo que esta persona hizo, no de lo que es. El etiquetarla no ayudará a que las cosas cambien. Lo único que hará es provocar que la otra persona se ponga a la defensiva. Así que critica el comportamiento y no la persona. Inclusive en situaciones difíciles que ameritan palabras duras no es lo mismo decir "Eres un estúpido" que decir "Lo que hiciste fue una estupidez".

2. Sé específico en tus obervaciones o críticas. Señalar cambios de comportamiento concretos logra mucho más que ofrecer generalidades que dejen a tu interlocutor tan confundido como estaba. Los términos "siempre" y "nunca" raras veces son ciertos y tienden a formar etiquetas. Expresiones como "En muchas ocasiones…", "Algunas veces", "Habitualmente" suelen ser mucho más efectivas.

3. Elije el lugar y el momento adecuados para discutir temas difíciles. No es solo cuestión de "cómo" decir las cosas, sino también de "dónde" y "cuándo" decirlas. El lugar o momento equivocados echan a perder tu buen estilo comunicativo. Nunca es prudente llamar la atención en público, es preferible hacerlo en privado. Por otro lado, si el momento no es el adecuado o necesitas informarte más antes de entrar a discutir algo, intenta decir: "Preferiría que continuáramos esta conversación más tarde en mi oficina…". De otra parte, recuerda que lo más prudente es hablar de errores o problemas lo más cercano al momento

en que estos hayan ocurrido. No esperes demasiado tiempo antes de llamarle la atención a alguien por algún error cometido ni acumules emociones negativas hasta cuando exploten y ya no logres controlar tu conducta.

13

Tres elementos de la comunicación

"Todas las desgracias de los hombres
provienen de no hablar claro".
—*Albert Camus*

Mucho antes de que se popularizaran los diferentes conceptos y aplicaciones de la programación neurolingüística el Profesor Albert Morabian de la Universidad de California había llegado a la conclusión de que un mensaje hablado está conformado en realidad por tres mensajes individuales:

° El mensaje verbal

° El mensaje vocal

° El mensaje visual

El Dr. Morabian realizó un extensivo estudio sobre la relación existente entre estos tres componentes presentes en la comunicación hablada con el objetivo de medir el efecto que cada uno de ellos tiene sobre lo que el oyente cree o no de nuestro mensaje. En otras palabras, él quiso saber a ciencia cierta qué tanto influye cada uno de estos tres tipos de mensajes en las decisiones que toman nuestros interlocutores con respecto a lo que les estamos diciendo.

El mensaje verbal es la idea que quieres comunicar, es el mensaje en sí, las palabras que salen de tus labios. A través de ellas piensas, comunicas, reflexionas, expresas, opinas y te relacionas con otros para construir equipos, organizaciones y sociedades.

No obstante, muchas personas tienden a concentrarse exclusivamente en el aspecto verbal asumiendo de manera errónea que esa es la totalidad del mensaje, pero en realidad esa es tan solo una parte del todo.

El mensaje vocal se conoce como comunicación paralingüística. No se adentra en el mundo del contenido semántico y más bien se ocupa de cómo se dicen las cosas. Se centra en la forma en que pronuncias las palabras; en la entonación, el ritmo, la proyección y resonancia de tu voz; en el énfasis que les das a ciertas palabras y en el sentimiento y la emoción que les imprimes. En fin, el mensaje vocal se refiere a todos los efectos moduladores que le das a la voz, al igual que a algunos sonidos onomatopéyicos; al llanto, la risa, a un chiflido y hasta a un ronquido fingido.

El lenguaje paralingüístico es perfecto para sacar a flote sentimientos, estados de ánimo y todo tipo de información emocional, y tiene relación con el uso del lenguaje escrito: un signo de admiración en una oración indica que debemos utilizar una entonación diferente a la que empleamos al afirmar o enunciar; el de admiración, por solo citar un ejemplo, es un símbolo que obliga a echarle mano a la paralingüística.

El mensaje visual está compuesto por todo aquello que tu interlocutor ve en ti: tu expresión, los gestos y movimientos de tu cara y la postura de tu cuerpo mientras hablas. Es decir, por todo aquello que se conoce como el lenguaje corporal.

Nuestros antepasados se comunicaban a base de gestos, un sistema muy anterior al verbal. La significación de la inmensa mayoría de esos gestos utilizados por el hombre primitivo se mantiene incluso después de la aparición del lenguaje hablado. De ahí la importancia de saber utilizar cada gesto en el momento correspondiente a lo que queremos decir con el propósito de materializar una relación más efectiva con nuestros semejantes y también para alcanzar un mayor y más profundo nivel de comunicación, ya sea cuando solo estamos utilizando gestos o cuando los combinamos con el mensaje verbal y el vocal.

El Profesor Morabian encontró que el nivel de consistencia o inconsistencia entre estos tres elementos: verbal, vocal y visual, es el factor que determina el grado de credibilidad con que la totalidad del mensaje sea recibido. Esto es de vital importancia ya que la credibilidad es la que nos permite influir en las decisiones de otros. Y en la medida en que se refleje armonía entre estos tres tipos de mensajes, aumentará el nivel de credibilidad en nosotros y en lo que decimos.

Cuando tus palabras dicen una cosa pero tu lenguaje corporal dice otra

¿Qué sucede cuando estos tres componentes de tu mensaje se contradicen? ¿Qué pensar cuando cada uno de ellos envía un mensaje distinto? La respuesta es obvia: estamos transmitiendo un mensaje cuyas señales son confusas y contradictorias. ¿Qué crees que ocurrirá con la fuerza y convicción de tu mensaje? ¿Cuál de estas señales encontrará nuestro interlocutor más convincente? ¿Qué parte del mensaje creerá y cuál ignorará?

¿Qué pasa, por ejemplo cuando te encuentras a un amigo que va caminando despacio, arrastrando los pies, con los hombros caídos, cabizbajo, y le preguntas cómo está y en voz baja él te responde: "Excelente"?

¿Qué parte del mensaje vas a creer, la palabra "excelente" (mensaje verbal), el tono bajo y deprimido de su voz (mensaje vocal) o su postura física (mensaje visual)? Si alguien responde de esa manera, lo más seguro es que ignoremos la palabra "excelente" ya que los otros componentes del mensaje, el aspecto vocal y el visual, la están contradiciendo por completo.

Así la palabra haya sido adecuada, fueron el tono de su voz y la expresión de su rostro los que comunicaron su verdadero estado emocional. Lo cierto es que, en la mayoría de los casos, estos dos aspectos suelen pesar mucho más que lo que el interlocutor está diciendo. Lo que el Dr. Morabian descubrió a lo largo de sus investigaciones fue que, cuando enviamos un mensaje inconsistente o contradictorio, la fuerza del contenido verbal del mensaje se pierde totalmente.

Uno de los resultados más importantes de su investigación es que él logró cuantificar el porcentaje de credibilidad que cada tipo de mensaje le aporta a la totalidad del mensaje. Encontró, por ejemplo, que el mensaje verbal tiene credibilidad apenas el 7% del tiempo; en otras palabras, el mensaje en sí solo influye en las decisiones y acciones de nuestros interlocutores el 7% de las veces. El mensaje vocal influye el 38% de las ocasiones mientras que el mensaje visual contribuye en un 55%.

Es decir, cuando el mensaje vocal como el visual —gestos, tono de voz y expresión corporal— que en conjunto constituyen el 93% del mensaje, muestran cualquier nivel de inconsistencia con lo que estamos diciendo, ese mensaje verbal no tendrá credibilidad. No importa qué tan lógico y claro sea, ni qué tan bien lo hayamos preparado o con qué tanta profundidad sepamos de lo que estamos hablando, nuestro oyente no creerá ese mensaje o, por lo menos, no lo aceptará ni se dejará influir por él.

De otro lado, cuando aprendemos cómo coordinar estos tres componentes para formar un mensaje consistente, no solo adquirimos credibilidad, sino que estamos en capacidad de comunicar con mayor fuerza y poder. Saber cómo equilibrar los mensajes verbales y los no verbales nos da más capacidad de comunicar lo que en realidad queremos y nos convertirá en comunicadores más interesantes y coherentes.

El entusiasmo y la musicalidad en tu voz, en conjunto con tu energía y el ánimo que expreses en tu cara, tus ojos, tu sonrisa, acompañados de una postura segura y confiada, transmitirán fuerza y convicción. Cuando esto sucede, tu mensaje abre las puertas del subconsciente de tu interlocutor para que tus ideas sean recibidas sin dudas ni reservas.

Imagínate que estás realizando una presentación de ventas frente a un cliente potencial y él te pregunta acerca de la calidad de tu producto. Y mientras hablas de ella, tu postura es de inseguridad o confusión; o tus manos se mueven nerviosas y tu mirada está distraída. No importa que la calidad de tu producto sea insuperable, ten la plena seguridad de que tu mensaje verbal no logrará en tu cliente los resultados que tú esperas. Él no solo no creerá en tu explicación, sino que tu lenguaje corporal de inmediato le generará desconfianza y será interpretado como falta de sinceridad. Le indicará que estás ocultando algo, así en realidad tú estés siendo honesto.

Emerson lo expresó de manera elocuente: "Cuando tu comportamiento habla a gritos, los demás no lograrán escuchar lo que digas". Esto es cierto ya sea que les estés hablando a tus clientes, a tu pareja o a tus hijos. Si estás tratando de convencer a tu hijo de los grandes problemas de la adicción a las drogas, pero lo haces mientras estás fumando, tu comportamiento estará enviando un mensaje mucho más diciente que el que tus palabras están expresando.

Entonces, el primer paso para convertirte en un comunicador que expresa entusiasmo, fuerza y convicción es examinar con mucho cuidado la consistencia entre los tres aspectos que componen tu mensaje. Si ves que estás fallando en alguno de ellos, comienza a trabajar en mejorarlo. ¿Qué necesitas hacer? He aquí algunas ideas para mejorar la efectividad de cada uno de ellos.

Mensaje verbal: a pesar de que representa solo un 7% de la totalidad del mensaje, asegúrate de que sabes de lo que vas a hablar. Ya sea que estés conversando con tu pareja o con tus hijos, que te encuentres frente a un cliente, a tu equipo de trabajo o a una audiencia de miles de personas, no hay nada más frustrante y desmotivador que escuchar a alguien que no tiene ni idea de lo que está hablando.

Si en verdad deseas darle fuerza y energía a tu mensaje, ten presente que un vocabulario rico y la habilidad para utilizarlo es la diferencia entre lo apropiado y lo espectacular. ¿Qué puedes hacer? Adquiere un buen diccionario, aprende con frecuencia nuevas palabras. Utiliza un léxico pintoresco. Recuerda que el cerebro piensa en imágenes. Si le ayudas con palabras fáciles de visualizar, la comunicación será mucho más sencilla.

Mensaje vocal: una de las características predominantes de los comunicadores poco efectivos es la monotonía con que presentan su mensaje. Pocas cosas cierran las puertas de la mente de tu interlocutor más rápido que un mensaje monótono. De hecho, aunque este término está compuesta por las palabras "mono" (uno) y "tono", y su significado literal es, un solo tono, si buscas en un diccionario los sinónimos de la palabra monótono, encontrarás las siguientes expresiones: aburrido, fastidioso, molesto y pesado.

Ten mucho cuidado, ya que estos mismos adjetivos son los que tu audiencia utilizará para referirse a tu presentación si no valoras la importancia del mensaje vocal. Aprende a modular el volumen y tono de tu voz para evitar volverte monótono. Los grandes comunicadores han aprendido a darle un mayor énfasis a ciertas partes de su mensaje y a aumentar o disminuir la velocidad con que hablan para agregarle más dinamismo a su mensaje. Ellos han descubierto que utilizar ciertos efectos moduladores en su voz es tan importante para influir en las acciones y decisiones de sus interlocutores como el contenido de su mensaje.

Mensaje visual: es importante entender que, cuando hablas, todo tu cuerpo habla. Muy pocas personas son del todo conscientes de cuánto revelan acerca de sí mismas mediante el lenguaje de su cuerpo y las expresiones de su rostro. Así que presta atención a tu postura, a tu cara, a tu sonrisa pues todas ellas le inyectarán o restarán fuerza a tu mensaje.

Reza un proverbio indio: "Cuando hables, procura que tus palabras sean mejores que el silencio". Pero, para que las palabras sean no tan solo mejores, sino muy superiores al silencio, también tienes que inyectarles la mímica, el movimiento atinado e indispensable de tu cuerpo, para lograr acercarte cada día más, en la medida de las posibilidades, al verdadero arte de saber hablar. Tanto tu postura, como el más sencillo gesto de cualquier parte de tu cuerpo en el momento oportuno te ayudarán a que tu mensaje sea más verosímil.

En esta era de tecnología digital, en la que impera la imagen, dominar el lenguaje corporal es una prioridad que no deberías pasar por alto. Piensa que con un simple click, gracias a las redes sociales, en solo segundos, tu perfil es visto por millones de personas en todo el mundo. Aunque no lo pretendas, hoy todos somos personas públicas, para bien o para mal, pero desentrañar ese dilema no es nuestro propósito en este momento. Solo queremos hacer énfasis en la necesidad de incorporar de manera adecuada nuestra gestualidad a la imperiosa necesidad de comunicación que determinan los tiempos que corren, siendo conscientes de que, como afirma Thomas Carlyle: "Nuestra esencia divina nos es revelada en el cuerpo".

Nota de Ismael:

Estoy convencido de que una de las razones del éxito del programa de entrevistas que conduzco en CNN en Español ha sido el estudio y conciencia que me he permitido desarrollar sobre los lenguajes paralingüístico y corporal. Nada más interesante que encontrar congruencia entre lo que se dice con el discurso hablado y lo que se proyecta con estas dos variantes de la comunicación, sobre todo teniendo en cuenta que la paralingüística está relacionada con el estudio del tono, volumen, velocidad y pausas, y la gestua-

lidad como partes intrínsecas del proceso comunicativo. Hay mucho de sicología práctica en lo que cada día nos toca hacer como negociadores de nuestra felicidad. Todo el tiempo estamos interactuando y, si solo nos preocupamos por lo que emitimos y no por lo que recibimos de los demás, no estamos logrando una comunicación efectiva. En esta —enfatizo— debe predominar la escucha más que la palabra.

En los siguientes capítulos encontrarás diferentes estrategias para empezar a mejorar de inmediato tu nivel de efectividad en cada uno de estos tres aspectos de tu mensaje. Sin embargo, debido a la importancia del mensaje visual o corporal, la próxima sección estará dedicada en su totalidad a esta parte de la comunicación efectiva.

Plan de acción:

Realiza los siguientes ejercicios y si hay algo que no te gusta, trabaja en ello y vuelve a realizarlos hasta que sientas que has mejorado. Recuerda que la clave del éxito es practicar, practicar y practicar.

1. Prepara una presentación de cinco minutos sobre cualquier tema. Si eres vendedor, toma la presentación que por lo general le haces a un cliente; si eres gerente, imagínate que le vas a hablar a tu equipo de trabajo sobre las metas del próximo año. En otras palabras, escoge un tema sobre el cual vas a hablar durante cinco minutos y preséntalo como si estuvieras frente a un grupo; si puedes, grábalo en audio. Si lo grabas en video, será mucho mejor porque así te será fácil examinar cómo ejecutas los tres tipos de mensaje.

2. Una vez que lo hayas hecho, califica tu mensaje verbal, vocal y visual. Evalúa las siguientes áreas:

   • Ritmo: ¿Hablas demasiado lento o muy rápido? ¿Estás haciendo las pausas adecuadas?

   • Fuerza: ¿Estás proyectando tu voz con suficiente fuerza? ¿Es muy débil? ¿Es variada o monótona?

   • Tono: ¿Es el tono de tu voz demasiado agudo o muy bajo? ¿Tiendes a ahogarte cuando hablas? ¿Haces énfasis en las partes más importantes de tu mensaje?

   • Timbre: ¿Tienes una voz nasal o forzada? ¿Es tu voz ronca, apagada o agradable?

   • Seguridad: ¿Te expresas con seguridad o vacilas al hablar? ¿Utilizas muletillas o sonidos innecesarios para llenar espacios?

14

La mejor forma de expresarlo

*"Los sabios hablan porque tienen algo que decir;
los tontos, porque tienen que decir algo".*
—*Platón*

La comunicación verbal incluye las palabras, expresiones e ideas que deseamos comunicar ya sea de forma escrita o hablada. Y a pesar de que, como ya lo mencionara en el capítulo anterior, esta parte verbal del mensaje influye solo en un 7% sobre la respuesta de tus oyentes, es importante entender que, por breve que sea, es este mensaje el que te ha llevado a querer comunicarte con ellos en primera instancia.

En cuanto al mensaje verbal, lo más importante es asegurarte de identificar el verdadero propósito que persigues al comunicarlo. En general, lo que se busca al transmitirle una idea a otra persona es que ella actúe o responda de cierta manera.

Si estás delegándole una tarea a uno de tus empleados, el objetivo es que él la realice; cuando haces una presentación de ventas, el objetivo es que el cliente potencial compre tu producto o utilice los servicios de tu empresa; al hablar con tu pareja sobre alguna situación que está afectando tu relación, lo que buscas es crear una nueva realidad donde vuelva a reinar la armonía; si estás reprendiendo a tu hijo o hija por un comportamiento escolar inaceptable, tu objetivo es que él o ella entiendan su error y comprendan la importancia de no volverlo a repetir.

Pero, para lograr cualquiera de estos objetivos, debes planear y analizar lo que quieres comunicar y determinar con cuidado la manera más apropiada de decirlo ya que lo que buscas comunicar no es solo el significado de las palabras, sino además emociones, sentimientos y valores personales. Por esta razón, procura tener siempre presente que en la inmensa mayoría de los casos obtener los resultados deseados no depende nada más de lo que digas, sino de cómo lo digas.

El *New York Times* publicó hace algunos años un artículo que ilustra la importancia de saber cómo decir las cosas y cómo comunicar las emociones. Y pese a que este ejemplo enseña sobre la importancia de la comunicación en el campo de las ventas, sus enseñanzas son aplicables a cualquier otra área de la vida.

El artículo cuenta que cierta persona deseaba vender su casa y había tratado de hacerlo por varios meses a través de diferentes agencias de finca raiz sin obtener ningún resultado. El periódico publicó algunos de los avisos que estas agencias habían utilizado y la mayoría decía algo así por este estilo:

"Vendo hermosa casa con garaje, espacioso jardín, cuatro cuartos, y chimenea. Posee aire acondicionado, calefacción y acceso conveniente a escuelas y centros comerciales".

Todos estos detalles y características son importantes a la hora de ofrecer cualquier producto. Sin embargo, es bien sabido que las personas no compran características o beneficios, a menos que se vean a sí mismas disfrutando de ellos. En otras palabras, la decisión de comprar es más emocional que basada en argumentos lógicos. Si deseas ser efectivo en el campo de las ventas, tienes que saber cómo ayudarles a tus clientes a crear y experimentar las emociones y sentimientos que les animen a tomar la decisión de comprar tu producto.

Después de varios meses sin obtener resultados positivos, el propietario de aquella casa decidió tomar las riendas del asunto y publicar un anuncio que transmitiera sus sentimientos y que dejara en claro el propósito de dicho anuncio. He aquí lo que publicó. El aviso decía en letras grandes:

¡Extrañaremos nuestro hogar!

Hemos sido felices en él, pero infortunadamente cuatro cuartos ya no son suficientes y por tal razón debemos mudarnos.

Si disfruta del calor de la leña quemándose en la chimenea mientras admira la naturaleza a través de grandes y espaciosos ventanales; si anhela un jardín despejado, propicio para admirar las puestas de sol en el verano o las templadas y calladas mañanas primaverales, y desea disfrutar de todas las ventajas de un hogar bien situado, es posible que usted quiera comprar el nuestro.

¡Esperamos que así sea! ¡No quisiéramos que estuviera solo para estas navidades!

La casa se vendió al día siguiente.

Ahora bien, cuando tú como comprador lees este aviso, lo primero que te imaginas es a una familia feliz para la cual la casa ya es demasiado pequeña. No hay nada malo con la casa, pero la cuestión es que la familia ha crecido y necesita una más grande.

Otra lección que nos deja este ejemplo es entender que la efectividad del mensaje dependerá en gran medida de las palabras que escojamos. Eso no quiere decir que debamos convertirnos en expertos en Léxico, Semántica y Ortografía si queremos llegar a ser grandes comunicadores. Lo que significa es que debemos asegurarnos de escoger las palabras y expresiones que dibujen las imágenes, describan los sentimientos y transmitan las emociones que nos permitan obtener los resultados que buscamos al comunicar nuestras ideas. Eso es todo.

Plan de acción:

Examina de nuevo la presentación que desarrollaste en el capítulo anterior y haz los siguientes ejercicios:

1. Determina si hay palabras o expresiones que transmitan de manera más efectiva el mensaje que quieres compartir con tu interlocutor.

2. Preocúpate por enriquecer tu vocabulario. No te limites a las mismas palabras que usas siempre. Cuando estés satisfecho con el mensaje que vas a presentar, como último paso: consulta un diccionario que te ayude a ver si existen otras palabras más pintorescas y atractivas o expresiones más dinámicas que te sirvan para transmitir el mismo mensaje, pero con mayor entusiasmo.

15

Cuando la voz proyecta energía y seguridad

"Creo que la cualidad más importante que tengo es que,
cuando me escuchas en la radio, sabes que soy yo.
Mi voz no se confunde con otras".
—Luciano Pavarotti

Cuando estamos escuchando a otras personas, solemos prestarle atención a las características de su voz. Una voz apagada indica a menudo aburrimiento o timidez. Las voces nasales suelen no ser agradables. De otro lado, una voz tensa tiende a dar la impresión de rigidez o mal carácter. Es curioso, pero, en las mujeres, la tensión en la voz también suele asociarse con inmadurez, sentimentalismo y estado de nervios.

Una persona que habla en voz demasiado baja es considerada tímida, mientras que una que habla muy alto es juzgada como agresiva o atrevida. Quien habla en un tono de voz correcto y moderado con seguridad no provocará una primera mala impresión.

Cabe aclarar que todas estas impresiones son muy subjetivas y no siempre comunican lo mismo a todo aquel que las escucha. Por ejemplo, quienes hablan rápido suelen ser percibidos por algunos como animados y extrovertidos, pero, para otros, hablar a toda velocidad es una muestra de nerviosismo.

Invariablemente, aquellos que te estén escuchando sacarán conclusiones basándose no solo en la lógica y la sensatez de lo que estás diciendo, sino también en cómo lo digas. Eso no significa que te estén juzgando o valorando con frecuencia. La mayoría de la gente sabe que muchas veces las primeras impresiones suelen ser erradas, sobre todo cuando se basan en muy poca información y por lo tanto están dispuestas a reservarse su opinión hasta tener más elementos de juicio.

Sin embargo, las personas tienden a juzgar y a valorar ciertos defectos del habla —repetir las palabras, no completar las frases o hablar demasiado bajo— como indicios de nerviosismo y ansiedad. En cambio, cuando el hablante se expresa con tranquilidad, manifiesta ser fuerte, entusiasta, competente y seguro de sí mismo. Estas cualidades trasmiten convicción y crean confianza en quien las escucha.

¿Cómo transmitir convicción y confianza? Presta atención a la energía con que proyectas tu mensaje, asegúrate que emana entusiasmo y proyecta seguridad. Estas emociones son las que el cerebro primario quiere percibir para crear una atmósfera en la cual sea fácil compartir.

El grado de emoción comunicado por medio de la voz suele ser muy fácil de captar. Emociones como el miedo, la alegría, el amor, el nerviosismo, el orgullo, la tristeza, la satisfacción y la simpatía son percibidos solo por el tono de la voz. La gente hábil para expresar sus emociones a través de la voz lo es también para reconocer las emociones de los demás y esto es lo que la hace muy buena comunicadora. Sin embargo, la persona tímida, inhibida e inexpresiva, que no le da fuerza a su voz, tendrá seguramente más dificultad en apreciarlas.

La mejor herramienta que posees para transmitir energía y entusiasmo

Tu voz es la mejor herramienta que tienes para transmitir entusiasmo. La fuerza y el volumen que utilices, la entonación y el énfasis que les des a las palabras determinan el nivel de energía que proyectas.

No sé si te has puesto a pensar en lo expresivo de este instrumento que es la voz. Una sola palabra revela gran cantidad de información acerca del hablante y de su estado de ánimo. Si crees que esto es una exageración, realiza el siguiente ejercicio: toma el teléfono, llama a cuatro o cinco amigos o familiares y escucha con atención cuando ellos digan: "¡Hola!", "¿Aló?", "¿Bueno?", o como sea que acostumbren contestar.

Solo con escuchar esta palabra tú casi adivinas su estado de ánimo. Lo mismo sucede cuando saludas a alguien y le preguntas cómo está. Es increíble la enorme cantidad de información que una simple palabra provee acerca de quien la emite.

Un excelente ejercicio es que grabes tu voz mientras realizas una pequeña exposición de algún tema o la presentación de tu negocio o producto. Para ello, utiliza tu teléfono móvil o cualquier grabadora a la que tengas acceso. Luego, escucha con atención. ¿Te gustó la voz que escuchaste? ¿Pensaste "Ese soy yo"? Muchos creen que la grabadora les ha distorsionado su voz, pero la verdad es que la voz que escuchas se asemeja mucho más a lo que la gente oye cuando hablas que lo que tú mismo escuchas cuando estás hablando. La razón es muy sencilla: la voz que escuchas en el audio y la voz que tu oyente escucha son transportadas a través de las ondas del aire, mientras que la voz que tú escuchas cuando hablas es conducida a través de los huesecillos del oído medio.

Si deseas saber cómo te oyen los demás cuando hablas, graba tu voz. Esta es la única manera en que apreciarás qué tanta energía transmites cuando hablas e identificarás los atributos y las debilidades de tu forma de hablar.

Si después de escuchar tu voz decides que necesitas trabajar en ciertas características, déjame compartir contigo algunas prácticas que te servirán para agregarle más dinamismo a tu mensaje y más energía a tu voz.

Comienza por aprender a hablar pausadamente. Respira, tómate tu tiempo al hablar. Elimina acentos demasiado marcados que distraigan a tu interlocutor del verdadero mensaje. Evita hablar de forma monótona y sin ninguna variante. Utiliza varios volúmenes y tonos para darle fuerza a tu mensaje y transmitir diferentes emociones. Sube el volumen cuando sea necesario, bájalo si quieres atraer la atención de tu interlocutor o dale más velocidad si deseas agregarle un mayor dinamismo a cierta parte de tu mensaje.

Recuerda que no es lo que digas, sino cómo lo digas. Estudia tu voz y determina qué cambios necesitas hacer con respecto a tu manera de hablar para darle más energía a tu mensaje.

Otro aspecto muy importante es prestarle mucha atención a tu voz telefónica. La entonación, el volumen y la resonancia de tu voz son responsables del 84% del impacto emocional y credibilidad de tu mensaje cuando estás hablando por teléfono y tu interlocutor no te ve.

Después de todo, si él no puede evaluar tu mensaje visual, no tienes la oportunidad de llegarle con ese 55% equivalente a tu lenguaje corporal. La única opción que tienes para imprimirle dinamismo y fuerza es acentuar aún más otros aspectos como el volumen de tu voz, la velocidad, la entonación y el énfasis que pongas en las palabras.

Una última estrategia que le agregará dinamismo a tu mensaje está relacionada con lo que enfatiza Zig Ziglar en sus libros sobre ventas: elimina todas aquellas pseudopalabras o muletillas que por lo general obstaculizan el mensaje y le restan fuerza y energía. ¿Sabes a qué me refiero? Las muletillas más comunes son sonidos como "Eh", "Ah", "Uhm" y algunas palabras y expresiones sueltas que utilizamos a cada rato para llenar espacios en nuestro mensaje como por ejemplo, "o sea", "este", "entonces", "y" o "mejor dicho".

Observa qué sucede si en una presentación le dices a un cliente:

"Bueno, ah, antes que nada, eh, quiero decirle que, eh, este es uno, o sea, de los mejores, mejor dicho, eh, es el mejor producto que hay en el mercado".

Estas muletillas no solo le roban fuerza a tu mensaje, sino que te hacen parecer inseguro, vacilante y hasta incompetente. Como resultado de esto el cerebro primario de tu oyente levanta la guardia y escucha con desconfianza lo que tienes que decir y comienza a pensar: "Si esta persona vacila y no está segura acerca de su mensaje, ¿por qué voy a estarlo yo?"

Así que elimina las muletillas de tu lenguaje. Yo aprendí a remplazarlas con pausas. Hazlas hasta por tres o cuatro segundos, así sea en la mitad de una oración. Esto no sólo es perfectamente natural para tu oyente, sino que le agregan dinamismo y expectativa a lo que estás diciendo.

Recuerda que la energía y seguridad que proyecta tu voz es uno de los elementos más importantes de tener en cuenta si deseas llegar al cerebro primario de tu interlocutor.

Cómo cautivar a tu interlocutor

Si deseas cautivar a tu interlocutor, involúcralo en la conversación. Siempre que te comunicas con otro ser humano a través del lenguaje hablado debes entender que estás haciendo mucho más que transmitir información. Comunicar es mucho más que darles órdenes a tus empleados, instrucciones a tus hijos o presentarles a tus clientes los beneficios de tu producto.

Comunicar comprende la transmisión de información, convicción y entusiasmo. Cuando comunicas, estás revelando ideas, opiniones y emociones con las cuales buscas persuadir a tu oyente.

Si todo lo que buscas es impartir información, entonces es suficiente con que envíes una carta o un correo electrónico. Pero, si deseas cautivar a tu audiencia, utiliza tu voz, relata historias, usa metáforas; mira a tu interlocutor a los ojos; asegúrate de transmitirle emoción y entusiasmo; muévete y haz cuanto sea necesario para involucrarlo en la conversación. No olvides que el entusiasmo es contagioso.

Nota de Ismael:

A veces, tras realizar una entrevista política, con alguna tensión por parte del entrevistado, muchos se me acercan para saber cómo conseguí que el invitado no se levantara de la silla pues evidentemente estaba incómodo. Mi respuesta siempre ha sido: en el diálogo hay una magia dictada por el respeto, la dramaturgia entre las emociones, el arte de escuchar y el modo en que el entrevistador es exigente o benévolo, según cada caso. O sea, el problema se decide en la alternancia de los temas y las preguntas. Nadie tiene una historia en blanco y negro.

Recuerdo que durante mi segunda entrevista a Álvaro Uribe, ex Presidente de Colombia, pensé que en cualquier instante él se levantaría. Aunque en ambas ocasiones se mostró como un gentil caballero, la última fue muy difícil. Por eso, el periodista Jorge Ramos me recordó que en muchas entrevistas se produce una guerra —como decía la italiana Oriana Fallaci— en la que a veces gana el entrevistado y a veces el entrevistador. Algunos colegas me felicitaron por los temas, pero, sobre todo, por el manejo del invitado y por haber logrado hablar de todo sin que el expresidente abandonara el estudio.

El éxito de mis entrevistas es que no están concebidas como tales, sino como conversaciones. En este género siempre hay una razón y una agenda premeditadas. No significa que prescinda de ellas, pero intento que fluyan de modo orgánico, no como un cuestionario rígido. Por política personal, y de CNN, jamás anticipo las preguntas a los invitados. Planificar la entrevista como una guerra quizás ayudaría a estudiar posibles escenarios, pero esa batalla no me permitiría trabajar con las premisas indispensables: empatía, ponerme en el lugar de otro, crear una buena impresión para que el invitado no se sienta interrogado sino escuchado. En una conversación, quienes intervienen en ella deben sentirse en igualdad de condiciones, mientras que en una entrevista, a veces, el entrevistador cree tener ventaja porque es quien interroga.

Plan de acción:

Cuando estés hablando con otras personas, hazles preguntas, pídeles opiniones, involúcralas en la conversación. Esto no solo te permitirá aprender más de ellas, sino que te dará la oportunidad de evaluar cómo están percibiendo las ideas que estás transmitiendo. Pon en práctica los siguientes consejos:

1. Súbele el volumen a tu voz. Tres de cada cuatro oradores hablan muy bajo lo cual proyecta inseguridad y genera un débil impacto. No se trata de gritar, sino de proyectar seguridad en tu voz. Recuerda que tu voz es un dispositivo de energía que debes activar particularmente al comienzo de tu mensaje y cuando lo finalizas ya que estos son los dos momentos en que mayor impacto ejerces sobre tu interlocutor.

2. Sé cordial y agradable pero firme. No es necesario ser agresivo ni perder los estribos, ni siquiera cuando estás en desacuerdo. Comunica tus ideas siendo respetuoso, directo y firme. Di algo como: "Entiendo lo que me dices, pero no estoy de acuerdo con esa opinión...".

3. Para que tu público esté dispuesto a recibir tu mensaje deberá percibir en ti seguridad en lo que le estás diciendo. Cuando estés practicando tu presentación, asegúrate de que estás transmitiendo credibilidad por medio del ritmo y tono de tu voz. El tono correcto, tranquilo y modulado transmite confianza y poder. Hablar demasiado rápido o muy alto genera ansiedad. Lo ideal es aprender a hablar a distintas velocidades según te convenga para lograr el objetivo de tu mensaje. Cuando desees invitar a la acción, di una frase más rápido; en cambio, cuando quieras relajar a la audiencia o despertar su curiosidad, habla más lento.

16

La comunicación y la PNL

*"Dime y lo olvido, enséñame y lo recuerdo,
involúcrame y lo aprendo".*
—Benjamín Franklin

Richard Bandler y John Grinder, los descubridores de la programación neurolingüística (PNL), encontraron que existen tres modos o mapas mentales mediante los cuales el ser humano percibe e interpreta el mundo que le rodea. Estos son: visual, auditivo y kinestésico. Quienes tienen más acentuada su capacidad visual ven el mundo; los auditivos, lo oyen; y los kinestésicos, lo sienten.

Durante los últimos años ha habido explosión en la producción de libros acerca de los diferentes usos y utilidades de las ideas expuestas en el campo de la programación neurolingüística. Y aunque algunas de estas lecturas llegan incluso a otorgarle toda clase de poderes sobrenaturales, lo cierto es que el mismo nombre explica lo que en realidad es esta ciencia y nos ayuda a separar el mito de la realidad: la palabra "programación", tomada del campo de la informática, sugiere que nuestros pensamientos, hábitos y emociones programan el disco duro de nuestra mente subconsciente.

El término "neuro", aplicado desde el campo neurolingüístico, se refiere a nuestro sistema nervioso, los circuitos mentales y los cinco sentidos. En conjunto, ellos conforman el ensamblaje a través del cual ocurre dicha programación.

El concepto de "lingüística" hace referencia a tres ideas específicas. La primera tiene que ver con nuestra habilidad para utilizar el lenguaje, las palabras y el diálogo interno con el fin de programar y reprogramar nuestra mente. La segunda es para indicar que las palabras y frases específicas que utilizan otras personas, reflejan sus propios mapas mentales. Y la tercera enfatiza sobre la importancia de reconocer el lenguaje silencioso de las posturas, los gestos y la expresión corporal, y en cómo este lenguaje visual revela nuestro modo de pensar y nuestras creencias.

Todos utilizamos uno de estos tres mapas o sistemas mentales descritos por la PNL como medio para organizar e interpretar los diferentes estímulos que recibimos del mundo exterior, y aunque es muy probable que todos manejemos los tres, por lo general preferimos más a uno de ellos que a los otros dos.

El interlocutor visual ve el mundo que le rodea

Algunos interlocutores prefieren ver las cosas. Cuando les describes algo, ellos tratan de visualizar lo que les estés describiendo y, en general, captan mejor formándose imágenes mentales.

¿Cómo nos ayuda el uso de este conocimiento a convertirnos en grandes comunicadores? Si sabemos cuál es el mapa mental que prefiere utilizar determinada persona para interpretar el mundo exterior, tendremos una herramienta muy útil para saber la mejor manera de comunicarnos con ella.

Imagínate lo que significa poseer la habilidad de descubrir cuál es el sistema de pensamiento preferido por tu oyente y poder hablarle en ese lenguaje. ¿Crees que esta habilidad marcaría una diferencia en tu capacidad de ser más persuasivo o te ayudaría a ser un mejor negociador? ¡Claro que sí! Esta podría ser la diferencia entre una carrera productiva, llena de logros y satisfacciones y una llena de tropiezos y desencantos.

Un representante de ventas comentaba que en cierta ocasión se gastó horas enteras hablándole a un cliente acerca de un nuevo producto que iba a llegar muy pronto a su almacén y para tratar de interesarlo se aseguró de mencionarle todos sus beneficios y los increíbles resultados experimentados por otros clientes. No obstante, no logró que su cliente mostrara ni el más mínimo entusiasmo.

Ya estaba a punto de renunciar a la idea de venderle cuando, por casualidad, encontró en el fondo de su maletín una hoja con una fotografía del producto. No era la mejor foto y la hoja estaba un poco arrugada, pero para sorpresa suya, esa imagen sí logró en pocos segundos lo que él había sido incapaz de hacer en una hora. Obviamente, este cliente era un receptor visual y el novato vendedor había estado utilizando un esquema más que todo auditivo durante su presentación.

De acuerdo con Richard Bandler, el 35% de la gente es visual y capta mucho mejor con ayuda de la visión.

¿Cómo descubrir si tu interlocutor es visual? Si le presentas una idea en términos visuales, con palabras pintorescas y descriptivas, observarás que él sonríe y le brillan los ojos como muestra de estar comprendiendo y captando a la perfección todo lo que le estás diciendo.

Además, el vocabulario que las personas visuales utilizan te dará la primera clave para reconocerlas porque les oirás expresiones como: «Me encantaría que me mostraras el producto», «Sí, logro visualizarlo» o «Ya tengo una idea clara de lo que me quieres decir». Los términos mostrar, visualizar y clara se refieren al sentido de la vista, que es el que los visuales prefieren.

¿Cuál es la manera más efectiva de hablarle a un interlocutor visual? Empleando expresiones como: "Le voy a mostrar…", "Quiero que visualice…", "Mírelo desde esta perspectiva…" ya que, cuando tú utilizas términos relacionados con imágenes visuales él te comprende más rápido puesto que no necesita tomarse tiempo extra para traducir en imágenes lo que le estás comunicando. En otras palabras, le estarás, hablando, literalmente, en su lenguaje y comunicándote con él en su sistema o mapa mental preferido. Ganarás tiempo, llegarás más fácil a su cerebro primario y lograrás crear una atmósfera más favorable durante la comunicación y el intercambio de ideas.

Además de utilizar palabras que reflejen imágenes visuales, será mucho más fácil comunicarle tus ideas si tienes a mano folletos, gráficas y toda clase de imágenes cuando le estés realizando tu presentación. Comprenderá con mayor rapidez cualquier concepto si le muestras un cuadro o un folleto al tiempo que hablas. No olvides utilizar tus manos para dibujarle imágenes en el aire, pues, tan increíble como pueda sonar, tu interlocutor visual las captará sin ningún problema.

Es obvio que en una situación real sea posible que estés más preocupado acerca de cómo presentarte a ti mismo que en tratar de adivinar qué clase de mapa mental está utilizando quien te escucha. Sin embargo, si prestas atención, en poco tiempo aprenderás a identificar cada mapa mental.

El interlocutor auditivo escucha el mundo que lo rodea

La persona auditiva oye lo que sucede a su alrededor y diseña sus respuestas basándose en lo que escucha más que en lo que ve. Las personas cuyo mapa mental es auditivo constituyen más o menos el 25% de la población.

Los auditivos prestan mucha atención a la manera en que les dicen las cosas. Ellos obtienen mucha más información de la forma en que les digas algo, por ejemplo, del tono de tu voz o grado de entonación. Además suelen utilizar expresiones como: «No emplee ese tono de voz conmigo, por favor», «Hasta el momento todo lo que he escuchado es estática y ruido, pero nada de sustancia», «Eso me suena bastante bien», «Creo que por fin me ha sonado la campana», «Cuéntame algo más al respecto» o «Me gustaría escuchar otras opiniones». Todas estas palabras: tono, voz, estática, ruido, sonar, campana, contar y escuchar están asociadas con el sentido del oído.

A los auditivos les encanta el teléfono. Muchas veces prefieren hacer negocios vía telefónica y no en persona. Ellos responden mejor a los sonidos que los visuales y los kinestésicos. A menudo piensan en voz alta. Además les gusta hablar consigo mismos ya que, al escuchar sus propias ideas, las clarifican aún más.

Los auditivos hablan diferente a los visuales. Ellos prestan más atención al tono y volumen de su voz y se toman su tiempo para decir las cosas. Los visuales, por su parte, prestan poca atención a su manera de hablar, a tal punto que en ocasiones hablan demasiado rápido, sin pausas y tienden a subir sin necesidad su tono de voz.

¿Cómo comunicarse con los auditivos? Dales la oportunidad de escucharse a sí mismos. Ellos, más que los visuales y los kinestésicos, tienden a venderse a sí mismos la idea o el producto que les estés presentando si tan solo les das la oportunidad. Utiliza frases como: "¿Suena todo bien hasta el momento?" o "¿Quiere escuchar un par de ideas más? Recuerda siempre resaltar mediante vocabulario relacionado con el sentido del oído las características de tu idea o producto.

Un comprador auditivo que esté negociando un automóvil, por ejemplo, puede basar su decisión de compra en la calidad del sonido del radio o en lo silencioso que es el motor, y no tanto en el color, el precio o la marca del auto.

El interlocutor kinestésico
siente el mundo que lo rodea

Los kinestésicos, que constituyen hasta el 40% de la población, actúan dejándose guiar por lo que sienten y experimentan. Hacen juicios rápidos acerca de si alguien les gusta o les disgusta y con frecuencia basan sus decisiones en sus instintos e intuiciones. Ellos obtienen su información a través del tacto, las sensaciones y las emociones.

Es común escucharlos utilizar expresiones como: "Necesitamos poner los pies sobre la tierra y hablar de hechos reales", "No me siento tan seguro acerca de esto", "¿Cómo te afecta esta decisión?", "Déjame darte una mano con ese asunto" o "Mi impresión al respecto es la siguiente". Las palabras poner, sentir, afectar, dar una mano e impresión denotan el gran efecto que las emociones y el tacto juegan es sus decisiones. Es más, en el momento de tomarlas, hacen largas pausas para poder captar la plenitud de sus sentimientos al respecto.

Si deseas comunicarte de manera efectiva con un kinestésico, apela a sus sentimientos. Pregúntale cómo se siente con lo que le has dicho y cuáles son sus impresiones. Si le estás ofreciendo un producto, dale muchas oportunidades de tocarlo y experimentarlo. Permítele que perciba su textura. Si le demuestras lo que le dices con una acción física de algún tipo, un gesto o un contacto personal, conseguirás captar mucho más rápido su atención.

Sin embargo, ¿qué hacer cuando estás realizando una presentación frente a un grupo y es imposible descubrir el modo de pensar de cada uno de los presentes? En ocasiones como esta los grandes comunicadores cautivan la atención de todos y cada uno de los asistentes valiéndose de su creatividad e imaginación para enviarles mensajes que incluyan una gran variedad de expresiones y efectos verbales, vocales y visuales.

Nota de Camilo:

Cuando estoy realizando una presentación, donde sé que sin lugar a dudas hay personas visuales, auditivas y kinestésicas, me preocupo por utilizar palabras que dibujen imágenes para los asistentes visuales. También incluyo historias, metáforas, música y un variado juego de volúmenes y tonalidades de voz que sé que acariciarán los oídos de los auditivos, mientras que los kinestésicos encontrarán deleitables los ejercicios y la participación física que por lo general hacen parte de mis presentaciones. De esta manera tengo siempre la absoluta seguridad de que todos y cada uno de los asistentes captan la esencia de mi mensaje.

Plan de acción:

Tu tarea durante los próximos días con respecto a este tema consiste en:

1. Aprender a identificar el mapa mental preferido de tus interlocutores. Basado en lo que acabamos de ver, utiliza aquellas estrategias que te permitan comunicarte mejor con ellos. Pero relájate, no te concentres tanto que llegues al punto de no escuchar lo que ellos te están diciendo.

2. Descubre qué aplicación le darás a este nuevo conocimiento en tu trabajo, negocio o vida familiar. Si estás presentándoles tu producto a nuevos clientes, y observas que son visuales, ayúdales a visualizar los beneficios de tu producto. Si son auditivos, recuerda que es casi seguro que necesitarán escuchar más información que los visuales y los kinestésicos, y que para ellos es importante escucharse a sí mismos y ser escuchados. Con tus clientes kinestésicos, busca una mayor cercanía física. Pregúntales cómo se sienten con lo que les has presentado. Ten en cuenta que ellos se dejan guiar más que nada por sus sentimientos. Todas estas estrategias les ayudarán a cada uno de ellos a procesar mejor la información que les brindes.

Cuarta parte

Lenguaje corporal

17

El lenguaje de los gestos

"Las palabras se inventaron para confundir;
los gestos, para entendernos unos a otros".
—Anónimo

Cuando llueve, en cualquiera de nuestras caóticas ciudades, los vehículos patinan, pierden el control y hasta se producen graves accidentes de tráfico. ¿Qué hacer si los semáforos resultan dañados?

Los agentes de tráfico están preparados para desenredar la maraña y mediante gestos coordinados ellos saben manejar el caos y lograr que el tráfico se normalice. No obran igual que un semáforo, pero lo importante es que lo consiguen gracias a su autoridad, a su dominio de las normas de tránsito y, por supuesto, al uso acertado de gestos y señales convencionales.

Sin pronunciar una sola palabra ellos consiguen que todos los que están al volante realicen el movimiento correcto en el momento indicado. Con sencillos y atinados gestos, un agente de tránsito es capaz de "decirnos": adelante, despacio, siga de largo, doble a la izquierda, a la derecha, deténgase, no se detenga... y si en algún momento él cree que deberíamos prestarle más atención, apunta con el dedo índice a uno de sus ojos y de inmediato le entendemos el mensaje. Si intuye que vamos muy lentos, con mirarnos y dar un par de palmaditas nos indica que aceleremos la marcha. Si por el contrario, percibe que vamos muy rápido, con solo mover la palma de la mano hacia arriba y hacia abajo nos indica que debemos desacelerar. De todas estas maneras él convierte sus pensamientos en gestos conscientes y nos habla con su cuerpo dando la sensación de estar haciendo una danza mediante sus movimientos rítmicos y coordinados.

Cuando nos comunicamos, es posible que nuestros movimientos no sean así de coreografiados. Sin embargo, debemos entender que, como ya lo hemos mencionado en varias ocasiones, al hablar, todo nuestro cuerpo habla. Cada gesto, postura o movimiento que realicemos está complementando de alguna manera lo que decimos. Lo que debemos preguntarnos es si nuestro lenguaje corporal le está agregando fuerza o restando poder a nuestro mensaje. Después de todo, no olvidemos que la palabra hablada solo lleva implícito algo más del 7% de la comunicación efectiva y el otro 93% corresponde al lenguaje no verbal en sus dos expresiones, vocal y visual.

En su libro, *Comunicación no verbal: cómo la inteligencia emocional se expresa a través de los gestos*, Sergio Rulicki y Martin Cherny afirman que la gesticulación, las posturas, las miradas, los tonos de voz y otros signos y señales no verbales constituyen un lenguaje complementario al de las palabras con el cual nos comunicamos en forma constante. La comunicación no verbal refleja cómo nos sentimos y también manifiesta la marcha de los procesos cognitivos relacionados con la atención, la memoria y la imaginación. A través de este tipo de comunicación se evidencian las valoraciones positivas o negativas que experimentamos hacia los demás. Por otro lado, exterioriza las intenciones, como la sinceridad y el engaño, así como el estado biofísico, es decir, el cansancio o la vitalidad, la salud o la enfermedad.

El autor norteamericano Julius Fast define el lenguaje corporal como "cualquier tipo de movimiento, sea de la totalidad del cuerpo o solo de una de sus partes, que una persona realiza para comunicarle su mensaje emocional al mundo exterior". No obstante, Fast resalta que, para comprender de forma correcta el lenguaje del cuerpo, hay que tener en cuenta la cultura, la educación y las costumbres del lugar donde nos encontramos, a lo que él le denomina "atmosfera ambiental". De no hacerlo es muy probable que terminemos siendo víctimas de una interpretación errónea del mensaje.

Por ejemplo, disponer los dedos índice y del medio, de cualquiera de las dos manos, en forma de "V" en América se interpreta como un símbolo de victoria, de propósito cumplido, pero, no es así en otras partes del mundo. En Gran Bretaña, hacer ese mismo gesto con la palma de la mano hacia atrás, es una vulgar ofensa a la que se le asigna el mismo significado agraviante que cuando, en América, extendemos el dedo del medio de la mano y cerramos el resto del puño.

Los gestos, como algunas palabras idénticas de un mismo idioma, implican significados diferentes de acuerdo al punto del planeta en el que nos encontremos; por lo tanto, aunque parezca universal, el lenguaje corporal no lo es, tiene sus patrones regionales propios, sus formas de interpretación, cambia y por eso Julius Fast sustenta la necesidad de conocer la "atmosfera ambiental" —otra razón más para estudiar y dominar este tipo de lenguaje.

En esta sección examinaremos muchos de los aspectos del lenguaje corporal y veremos cómo utilizarlo para agregar convicción y seguridad a lo que nuestras palabras expresan. No obstante, es importante entender que, —aunque estudiar y ensayar los gestos corporales que apoyan el lenguaje verbal es encomiable, se revierte en una mejor comunicación y hace menos perceptible la brecha de una potencial incomprensión—, cuando los gestos son demasiado estudiados, corremos el peligro de que nuestro lenguaje corporal, aunque efectivo, resulte poco natural.

Plan de acción:

Algo esencial en la comunicación es ser genuino no solo con tus palabras, sino además con tus gestos. Y entre los gestos más dicientes de una persona están el saludo y el contacto visual al hablar o escuchar, así como lo que manifiesta a través de su lenguaje corporal. Practica lo siguiente:

1. Saluda a todos por igual. Un error imperdonable es saludar solo a quienes nos conviene o a quien consideramos importantes para nosotros. Saluda a extraños como si los conocieras y verás cómo, en la mayoría de los casos, ellos te saludarán de igual manera.

2. El contacto visual y el manejo de tus manos y movimientos juegan un papel importante en cómo te ve tu interlocutor puesto que, no solo revelan la veracidad de tu mensaje, sino que dicen mucho acerca de cómo te sientes y cuál es tu grado de seguridad o incomodidad frente a determinadas situaciones. Recuerda que tu lenguaje corporal deja al descubierto tu actitud y nivel de autoestima.

3. Como veremos más adelante, los movimientos de la boca tienden a revelar toda clase de señales sobre cómo te sientes. Si te muerdes los labios o los tuerces hacia un lado, así sea de manera inconsciente, lo más probable es que estés revelando que estás enojado, y así tu interlocutor no sepa cómo interpretar cada uno de tus gestos, con seguridad le darás la sensación de que no estás a gusto.

18

El poder del contacto visual

"Los ojos de otra persona fijos sobre los tuyos
no pueden pasar inadvertidos, es necesario responderle de
alguna manera. Tienes la opción de sonreírle
e iniciar una conversación; o desviar la mirada
y dirigirte hacia la puerta con disimulo".
—Helen Fisher

Se dice que la vista es el más predominante de los cinco sentidos. Los enlaces nerviosos que van del ojo al cerebro son 20 veces más extensos que los que van del oído al cerebro. De toda la información que llega al cerebro a través de los sentidos, la información visual es la que logra un mayor impacto sobre él. Quizá debido a esto se habrá hecho tan popular la frase aquella de que "una imagen vale más que mil palabras".

En indudable que los ojos les complican la vida hasta a los más experimentados oradores, sobre todo si hablan bajo estrés o están tratando de ocultar algo. Un caso conocido por muchos es el del ex Presidente norteamericano Bill Clinton, considerado por expertos en comunicación como un orador extraordinario.

Los analistas del lenguaje corporal concuerdan en el hecho de que Clinton utiliza el movimiento de su brazo, con el dedo índice extendido, de forma convincente. Lo hace solo fracciones de segundos antes de terminar una frase. Cuando este gesto acompaña a la palabra o se ejecuta segundos después de que esta se pronuncia, no quiere decir, ni mucho menos, que el orador esté mintiendo, pero demuestra que es un movimiento estudiado para lograr impregnarle mayor énfasis y una superior carga de veracidad a lo que expresa.

Durante la intervención televisiva en la que el entonces Presidente Clinton buscaba desmentir la relación amorosa que se le imputaba con Mónica Lewinsky él utilizó de manera natural, como acostumbraba, la mano derecha con el dedo índice extendido para reafirmar lo que decía. Se mantuvo sentado con el torso erguido, pero el gesto inconsciente de su brazo, cuando lo mezclaba con el movimiento de sus ojos, conspiraba contra su credibilidad. ¿Por qué? Porque mientras movía el brazo derecho, con el fin de categorizar lo que decía, sus ojos miraban al lado izquierdo. Los ojos del orador, a la hora de buscar credibilidad, deben dirigir la mirada en la misma dirección del gesto que realiza con la extremidad superior. Si mueve el brazo derecho, su mirada ha de dirigirse a la derecha. Cuando hay disparidad, cuando andan cada uno por un lado diferente, como le sucedió a Clinton esa noche ante una numerosa audiencia, los resultados son funestos pues la credibilidad queda en entredicho.

El análisis de los expertos en lenguaje visual sacó a la luz, mucho antes que la comisión oficial destinada a tal efecto, que el presidente había mentido esa noche. Los gestos que utilizó Clinton estuvieron dentro de la norma de su lenguaje corporal; o sea, fueron los mismos a los que había recurrido toda la vida, pero una sencilla falta de "coincidencia" reveló el gran secreto.

Cuando alguien habla, si se tiene en cuenta únicamente el lado hacia donde miran sus ojos —arriba, abajo, izquierda, derecha o al frente—, sin relacionarlo con otros gestos de su cuerpo, es imposible revelar alguna evidencia que permita reconocer si está mintiendo o no; pero en este caso no fue así. La cuestión no es a dónde miran los ojos, sino la contradicción entre la mirada y los demás gestos del cuerpo.

Sin embargo, es importante tener en cuenta que, como aclara Richard Wiseman, sicólogo de la Universidad de Edimburgo, sus investigaciones han demostrado que no se puede sacar una relación entre la mentira y el movimiento de los ojos sin tomar en cuenta otros gestos. Su colega, Caroline Watt, lo apoya y resalta que es "hora de abandonar la práctica de tratar de detectar engaños a través del movimiento de los ojos y la dirección de la mirada".

El lugar hacia donde miremos al hablar es intrascendente, según los entendidos. Es cierto que la ubicación de la mirada por sí sola no revela una mentira, pero su expresividad es infalible. Miren a dónde miren, los ojos son un fiel reflejo de todo aquello que sucede en nuestro cuerpo, mente y espíritu. Son un par de intérpretes exactos de las emociones que dominan al ser humano, tanto desde el punto de vista físico como síquico, entre ellas: cansancio, miedo, alegría, tristeza, tensión, odio, amor, esperanza y hasta resignación. Tratar de manejar los ojos en función de intereses propios para que "digan" lo que no es y "proyecten" lo que no creemos es una tarea casi imposible.

Lo que comunica tu mirada

¿Cómo utilizar entonces el contacto visual para realzar o intensificar el mensaje en lugar de debilitarlo? Empecemos por entender que los ojos son, sin lugar a dudas, la parte más expresiva del rostro. Muchos le prestan especial atención a la mirada de su interlocutor en busca de señales que les permitan aprender sobre su carácter e intenciones. De manera que el hecho de que mires —o no mires— a los ojos de tu interlocutor revela muchos aspectos de tu personalidad. Si alguien causa una pobre impresión, suele ser a consecuencia de un inapropiado contacto visual, sobre todo durante la conversación.

El contacto visual, literalmente, conecta nuestra mente con la mente de quien nos escucha.

Cuando tus ojos miran a los ojos de otra persona, se establece una comunicación directa entre tu cerebro primario y el de tu interlocutor. ¿Miras el suelo mientras hablas? ¿Miras por la ventana mientras escuchas lo que te están diciendo? ¿Esquivas la mirada de tu interlocutor? Todos estos interrogantes son de gran importancia ya que, cuando no logras establecer el contacto visual apropiado, la verdad, importa poco cuál sea tu mensaje hablado puesto que es tu mirada la que abre o cierra las puertas del cerebro primario de tu escucha.

La frecuencia con que mires a los ojos crea también impresiones diversas. En un contexto social amistoso y relajado mirar a alguien siempre es un mensaje que inspira sentimientos positivos. En aquellas conversaciones donde estás comunicando un mensaje importante debes mirar con frecuencia a quien te escucha. Si a su vez, él o ella se inclinan hacia delante y te miran con frecuencia mientras les hablas, esa es una clara señal de interés en tu mensaje.

No obstante, hay ocasiones donde es más conveniente limitar la frecuencia con que miras a los ojos de tu interlocutor. Por ejemplo, cuando te dispongas a hacer una evaluación de tipo personal, y no estés seguro de cómo será recibida, disminuye el contacto visual directo con quien estás interactuando.

En general, durante una conversación, cada persona mira a los ojos de la otra una tercera parte del tiempo. Si mantienes poco contacto visual, corres el riesgo de crear una impresión poco agradable, de culpabilidad, aburrimiento o timidez. Sin embargo, un contacto visual excesivo también tiende a ser desfavorable para una buena comunicación ya que puede parecer intimidante o intruso, y hasta genera emociones y sentimientos negativos en los demás.

Hay quienes, por ejemplo, poseen lo que podríamos llamar una mirada de águila. Inclusive en conversaciones informales tienen una mirada penetrante que intimida a cualquiera que esté hablando con ellos.

Cierto gerente de ventas que sufría de este mal comentaba que su mirada intimidaba inclusive a sus hijos y personas más allegadas.

Por supuesto, cuando se encontraba frente a su equipo de trabajo, su mirada de águila se intensificaba y como consecuencia de ello no lograba establecer una comunicación efectiva con ellos, ni crear una atmósfera relajada. El resultado era que muchos de los miembros de su equipo de trabajo evitaban comunicarse directamente con él, lo cual afectaba en gran manera su efectividad. Como este gerente, hay muchos para quienes su mirada dominante e intimidante se ha convertido en uno de sus peores enemigos.

Otros sufren de todo lo opuesto: poseen una mirada evasiva. Nunca, o muy pocas veces, hacen contacto visual con su interlocutor. Este mal hábito les envía a quienes los escuchan uno de varios mensajes. Una mirada evasiva dice: "No estoy interesado en esta conversación", "Estoy pensando en otra cosa", "No me atrevo a mirarle a los ojos por temor", "Estoy ocultando algo", "Soy inseguro" o "Poseo una baja autoestima". Y es posible que ninguna de estas impresiones sea cierta. Sin embargo, cierto o no, ese es el mensaje que entenderá el cerebro primario de su interlocutor ante una mirada evasiva.

En general, el tiempo durante el cual miras a tu interlocutor dice mucho acerca de tu grado de sinceridad. Según algunos sicólogos, cuando alguien miente, suele mirar a la otra persona durante periodos de tiempo más cortos que cuando dice la verdad. Así que, si deseas que te crean y quieres ser persuasivo, mira con frecuencia a quien te escucha mientras estás comunicando tu mensaje.

Casi siempre es difícil controlar el nivel de contacto visual ya que los movimientos de los ojos son controlados en gran parte por tu subconsciente. Pero, si tienes la impresión de tener una mirada evasiva y bajarla con excesiva frecuencia en el transcurso de una conversación normal, trabaja para cambiar ese hábito. Cada vez que hables con alguien, haz el propósito deliberado de mirarle a los ojos. Al principio es muy probable que te sientas algo incómodo, e incluso te parezca grosero o inapropiado, pero, con el tiempo, te resultará cada vez más fácil establecer el contacto visual óptimo.

Nota de Camilo:

En tiempos pasados, ya lejanos, gracias a Dios, yo sufría del peor caso de mirada evasiva que puedas imaginarte. Cuando tenía que hablar en público, mi cara se ponía roja, mis manos temblaban y jamás miraba a la gente a los ojos. Yo miraba hacia arriba, hacia los lados y al piso. Todo, con tal de no mirar a mi interlocutor.

Por largo tiempo mi mirada evasiva me privó de desarrollar mejores relaciones interpersonales. No me permitía comunicar mis sentimientos y emociones reales, ni proyectar mis verdaderas capacidades ya fuera que estuviese hablando con mi esposa, mi jefe o mis compañeros de trabajo. Sabía que esto me estaba deteniendo de lograr mis metas y por eso decidí cambiar. Resolví esforzarme por mirar a los ojos cuando hablaba con los demás. Al principio fue difícil; me sonrojaba peor que de costumbre. A veces se me olvidaba lo que estaba diciendo por concentrarme en mantener el contacto visual. Pero al fin aprendí a hacerlo y todo comenzó a cambiar.

Mi nivel de confianza cambió, mi autoestima mejoró. Aquellos logros que habrían parecido imposibles años atrás, hoy son realidad, todo como consecuencia de haber dado ese pequeño paso que, para muchos, quizá no sea un problema mayor, pero que para mí era un obstáculo enorme. Así que créeme cuando te digo que tú también puedes cambiar.

Cuando tu mirada está ausente, tu mente también lo está

Como ya lo hemos mencionado en varias ocasiones, la mente de tu oyente está más preocupada por los mensajes visuales que por lo que estés hablando. Si evitas mirarle, es casi seguro que su cerebro concluya que algo debes estar ocultando y que no es prudente confiar en el 100% de lo que estás diciendo.

Adquiere el hábito de mirar a la persona que te está hablando o a quien te estás dirigiendo. Mantener el contacto visual con tu interlocutor demuestra un interés dinámico en la conversación.

¡No mires al piso, ni hacia arriba o a los lados! ¡Mira a la persona! Y nunca cometas el peor de los insultos que es mirar por encima del hombro de tu interlocutor. Porque una cosa es mirar arriba, abajo o a los lados, pero mirar sobre su hombro es, literalmente, decirle: "Quítese del frente que me está estorbando la visión." Así que, la próxima vez que estés sentado en un restaurante y tu pareja se encuentre frente a ti, hablándote, y tú estés mirando sobre su hombro, es eso lo que estarás diciendo.

Aprende a mantener tu mirada en tu interlocutor. No voltees a mirar o a seguir cualquier distracción que se presente a tu alrededor. Escucha con interés y empatía y, sobre todo, escucha tanto con tus ojos como con tus oídos. Entre la lista de razones principales por las cuales se echan a perder entrevistas de trabajo o presentaciones a clientes se encuentra la incapacidad de mantener un contacto visual que inspire confianza, seguridad y cree armonía con el interlocutor.

El contacto visual no solo te permitirá evaluar las expresiones y gestos de la otra persona, sino que demuestran tu nivel de interés. Como regla general, recuerda que, cuando la mirada está en otro lugar, la mente también. ¿Quieres dejarle saber a tu interlocutor que estás con él? Mírale mientras le escuchas o le hablas.

Plan de acción:

....

Durante la próxima semana préstale atención a lo siguiente:

1. Observa cómo es tu mirada y el papel que juega tu contacto visual durante cualquier tipo de presentación o interacción. ¿Tienes una mirada de águila o una mirada evasiva? ¿Sueles bajar los ojos o desviar tu mirada cuando hablas? Si sufres de cualquiera de estos males, reemplaza tu mirada dominante o evasiva por un contacto visual que involucre a la otra persona en la conversación. Como punto de referencia, considera que una mirada dominante significa mirar al otro directo a los ojos por un periodo mayor a diez o quince segundos. Ya sea que lo hagas en una conversación de negocios o en una charla informal, esta mirada dominante hará que tu interlocutor se sienta incómodo. Entonces, en lugar de mirarlo siempre a los ojos, mira en dirección a su cara. Ten presente que mantenerlo involucrado en la conversación toma un promedio de cinco segundos.

2. Pídele a alguien que te conozca a fondo que te diga cómo ve tu contacto visual con los demás en una conversación informal; pregúntale si eres de los que intimidan con la mirada o, por el contrario, invitas a establecer y mantener un buen nivel de comunicación. En cualquiera de los dos casos, profundiza un poco más sobre lo que necesites mejorar o cambiar.

19

La sonrisa y los gestos

*"Una sonrisa significa mucho. Enriquece a quien la recibe
sin empobrecer a quien la ofrece. Dura un segundo
pero su recuerdo, a veces, nunca se borra".*
—Anónimo

Cuando hablas, los ojos de quien te escucha se centran la mayor parte del tiempo en tu cara. Así que asegúrate de que tu sonrisa y tus gestos te estén ayudando a comunicar tu mensaje y no que lo estén debilitando.

El sicólogo Paul Ekman, pionero en los estudios de las expresiones faciales y profesor en la Universidad de California, resalta en su obra la trascendencia de esas microexpresiones faciales, entre otras razones porque son muy útiles para detectar mentiras con un alto nivel de efectividad. Ekman sostiene que las expresiones faciales relacionadas con las emociones no son determinadas por la cultura, sino que más bien "son universales y tienen, por consiguiente, un origen biológico".

El rostro se compone de 15 músculos, los cuales tienen la capacidad de expresar alrededor de mil sentimientos de emociones; pero, según Ekman, no todos los seres humanos tienen la misma habilidad para expresarlas. Considera a Charles Chaplin un especialista en este aspecto y hace énfasis en que el cine mudo obliga a los actores a profundizar en el mensaje de cada una de las partes del cuerpo, en especial del rostro. Muchos de esos actores, cuando surgió el cine hablado, desaparecieron de la pantalla porque su voz no los acompañaba o porque su trabajado lenguaje corporal no correspondía con el mensaje verbal que ya requería el séptimo arte.

Otros muchos que continuaron su carrera en el cine hablado nunca pudieron alcanzar el nivel artístico que lograron en el mudo debido a que ya no solo dependían de sus gestos puesto que ahora esos movimientos debían conjugarse con el verbo y la paralingüística. Por supuesto, el oficio de actor se complicaba.

En su libro *Inteligencia social* Daniel Goleman relata que un hombre llega a una embajada para solicitar un visado. Cuando le preguntan por qué desea el documento, una sombra aparece en su expresión, solo por un instante. El funcionario interrumpe la sesión, consulta una base de datos y descubre que el individuo es buscado por la Policía de varios países. Según Goleman, la habilidad del entrevistador para detectar una expresión tan sutil y fugaz demuestra una capacidad muy avanzada de lo que él denomina "empatía esencial".

La esencia de la empatía, añade Goleman, "consiste en darnos cuenta de lo que sienten los demás sin necesidad de que lleguen a decírnoslo". El rostro es protagónico en estos casos. Nuestros gestos, a la hora de reflejar emociones y sentimientos, son inconscientes y hay que poseer un alto grado de autodominio para que no develen lo que en realidad afecta nuestro mundo interior.

Los sentimientos de felicidad, miedo, preocupación, sorpresa, tristeza, desprecio, asco, enfado y frustración son algunos de los más comunes que encuentran su reflejo externo en el rostro. Cada uno de esos sentimientos provoca la reacción correspondiente en los músculos faciales.

Existe un gran número de expresiones faciales que complementan o le restan fuerza a tu mensaje. La boca, que sonríe o hace otros gestos; la frente, que se frunce; y las cejas, que manifiestan una gran variedad de estados de ánimo. De hecho, las expresiones faciales son las herramientas de comunicación no verbal más elocuentes que tienes a tu disposición. Arrugar la nariz, abrir o cerrar los ojos y otros gestos, por sí solos o en conjunto, expresan una gran variedad de matices emocionales. El rostro es tan expresivo que produce sonrisas imperceptibles, casi imposibles de describir con palabras y, sin embargo, de claro significado para quien las observa.

Naturalmente, el lenguaje del rostro no siempre es fácil de interpretar ya que es posible que ciertas señales faciales estén ocultando emociones contradictorias. Puede que un vendedor esté a punto de perder la paciencia con un cliente difícil y a pesar de esto mantenga una sonrisa amable. Recuerda que la función principal del cerebro primario de tu interlocutor es buscar toda señal no verbal que lo convenza de confiar y creer en ti. Él no está tan interesado en lo que hablas, sino en la manera en que te sientas acerca de lo que estás diciendo. Él sabe que, si en verdad crees en lo que estás diciendo, lo expresarás con pasión y entusiasmo.

Esta es una habilidad que aprendemos e interiorizamos en nuestro subconsciente desde niños. El cerebro primario del niño escucha y reconoce la risa de la madre desde que se encuentra en el vientre materno y así comienza a hacer asociaciones a nivel subconsciente. Durante la infancia ese niño aprende que, la persona que no sonríe, no posee ese calor humano que lo hace sentir a gusto y también que puede confiar en quienes sonríen cuando hablan.

Hay muy pocas cosas que logran impactar tanto a quien nos escucha como una postura abierta y una sonrisa amplia. Una sonrisa no solo se dibuja en los labios, sino que se refleja en los ojos. El cerebro primario siente desconfianza y apatía hacia alguien con una postura cerrada o una cara no sonriente. Es más, en ocasiones hasta lo percibe como una amenaza. Así que sonríe con frecuencia y busca eliminar todo gesto que le esté robando fuerza a tu mensaje.

Si quieres lograr una atmósfera óptima y propicia para una mejor comunicación con tu interlocutor, trata de utilizar humor en tu presentación. El expositor que logra que su audiencia ría gana más votos que aquel que la pone a pensar. El humor crea un enlace especial entre tú y tus oyentes. Es imposible no gustar de alguien que nos hace reír. Un buen sentido del humor hará que tu mensaje se vuelva memorable y es una gran herramienta en el arsenal de todo comunicador experto.

Esto no quiere decir que debas convertirte en un cuenta chistes o que cada dos minutos debas hacer una nota graciosa porque, de hacerlo así, no solo distraerías, sino que crearía cierto grado de desconfianza en tu audiencia. Sin embargo, recuerda que, por naturaleza, a todos no gusta reír. Adquiere un buen sentido del humor y te aseguro que descubrirás que de esa manera tu mensaje encuentra menos barreras para abrir las puertas del cerebro primario de tu interlocutor.

El significado de los gestos

¿Cómo aprender a dominar las expresiones faciales de manera que logres comunicar justo lo que quieres, en particular cuando te es difícil expresar tus emociones? Muchos tímidos, por ejemplo, optan por reprimir las expresiones de su rostro, no porque tengan la costumbre de ser poco expresivos, sino porque desean ocultar su ansiedad y tensión. Sin embargo, les es difícil mantener la inexpresividad de su rostro por largo tiempo y terminan por sonrojarse.

Cuando te das a ti mismo la oportunidad de expresar tus emociones y exteriorizarlas en lugar de reprimirlas, no solo te conviertes en un comunicador mucho más interesante y persuasivo, sino que te sientes mucho más cómodo al descubrir quién eres en verdad.

Aprende a utilizar a favor tuyo tu lenguaje corporal y a interpretar el de los demás. Los grandes comunicadores conocen la importancia de desarrollar estas dos habilidades al máximo. Ten presente que tu lenguaje corporal compone el mayor porcentaje de lo que comunicas. Si estás encargado de un proyecto en el trabajo, y buscas proveerle dirección a tu equipo, tu autoridad se verá minada si tu lenguaje corporal trasmite falta de confianza en ti mismo. De modo similar, tu deseo de hacer nuevos amigos se vería frustrado si tu lenguaje corporal y tus gestos fueran inconscientemente agresivos.

¿Por qué es tan importante aprender a interpretar los gestos y señales de los demás? Una razón es porque estos comunican mensajes que muchas veces para el interlocutor mismo son difíciles de expresar con palabras. La gente tiende a responder de forma habitual con pequeños gestos y movimientos físicos ante situaciones estresantes. Algunos comienzan a parpadear demasiado; otros se llevan con frecuencia la mano al rostro, inclinan la cabeza hacia un lado o estiran el cuello de vez en cuando. Según los sicólogos, todo este tipo de gestos y movimientos son una forma de liberar la ansiedad que estamos experimentando como resultado de lo que estamos escuchando.

Pero, como verás al final de este capítulo, la interpretación de todos estos gestos es muy subjetiva y no debemos cometer el error de creer que está regida por normas inflexibles. No obstante, debido a que muchos gestos podrían ser interpretados de manera errada, es importante que seas consciente de ellos a la hora de evaluar tu propio estilo comunicativo y busques modificarlos si fuese necesario.

Nota de Camilo:

Por ejemplo, desde muy joven me di cuenta de que poseía una señal muy particular que heredé de mi padre y mi abuelo; un ceño fruncido que está presente incluso cuando sonrío. Este gesto suele acentuarse aún más en mí cuando estoy concentrado o escuchando con atención a mi interlocutor.

Durante mucho tiempo la gente solía preguntarme si algo me preocupaba, si estaba enojado o no entendía algo que me hubieran dicho y yo no lograba explicarme el porqué de estos cuestionamientos puesto que era consciente de no haber dado ninguna señal verbal que los ameritara. Sin embargo, en cierta ocasión me encontraba editando un video que iba a ser presentado en la televisión y, mientras trabajaba exclusivamente con la parte visual le había bajado todo el volumen al video, pude notar de inmediato esta expresión de preocupación o inquietud en mi rostro.

Recuerdo que tuve que subir el volumen para escuchar de qué estaba hablando ya que no recordaba haber tratado ningún tema que ameritara esta expresión, a mi modo de ver, extremadamente seria. Así fue como me di cuenta del mensaje no verbal que enviaba mi ceño fruncido.

Puesto que para mí era importante asegurarme de que mi lenguaje no verbal y mis gesticulaciones no estuvieran disminuyendo la efectividad y el poder del mensaje que quería comunicar, decidí ver qué podía hacer al respecto. Y aunque no he logrado corregirlo por completo, he aprendido ciertas maneras de contrarrestar su efecto. Comparto esta anécdota contigo porque es importante que entiendas que, en el área del lenguaje corporal, como en cualquier otra área, siempre es posible aprender y mejorar.

El poder de una sonrisa

Muchos experimentos e investigaciones sicológicas han confirmado lo que todos ya sabemos por instinto: una persona que sonríe es más atractiva e inspira mayor confianza. Sonreír hace que uno se sienta más feliz puesto que las expresiones faciales no solo reflejan emociones, sino que son capaces de crearlas.

La sonrisa es, sin duda alguna, la expresión humana más entendible y comprendida por todo el mundo. Hasta los bebés de pocas semanas de nacidos sonríen para expresar placer. Sin embargo, no todas las personas sonríen al mismo grado. Aquellas que sonríen poco pronto descubrirán que las respuestas de los demás hacia ellas son menos amistosas. Lo importante es que, si tú eres una de ellas, con un poco de esfuerzo consciente aprenderás a sonreír y así causar un efecto positivo en tus relaciones interpersonales. No hay mejor forma de mejorar la primera impresión que los demás se forman sobre ti que sonriendo.

La sonrisa es la mejor manera de empezar cualquier conversación. Una sonrisa es capaz de disipar una atmósfera pesada y hostil ya que expresa alegría, comprensión y tranquilidad. De igual manera, cuando mueves ligeramente la cabeza de manera afirmativa y sonríes mientras escuchas a tu interlocutor, le estás dejando saber que lo escuchas, que en verdad estás interesado en su mensaje y que estás siguiendo el hilo de la conversación.

Cuando estás haciendo una presentación de negocios, o le estás dando a conocer un producto a uno de tus clientes, tu sonrisa dice que estás sereno y confiable y que no te vas a enojar con nada de lo que te digan. Ten la seguridad de que es mucho más fácil hacer negocios cuando te has encargado de enviar por anticipado todas estas impresiones.

Si te parecen algo exagerados la importancia y el significado que le hemos dado a la sonrisa a lo largo de esta sección, te invitamos a que pienses en ella como la señal no verbal más acertada para hacer feliz a alguien. Es como un regalo que das y que a todo el mundo le cae bien. Pero, ¡cuidado! Si andas todo el día con una sonrisa de oreja a oreja, la gente con la cual interactúas pensará que, o estás anunciando alguna pasta dental, o no eres realmente sincero.

Ya hemos hablado de lo que comunican tu mirada, tu postura y tus gestos. Sin embargo, debes tener presente que la interpretación del lenguaje corporal no es una ciencia exacta. Las siguientes tres razones nos pueden ayudar a entender esto mucho mejor:

Primera, un gesto puede ser puramente físico y no tener ninguna importancia sicológica. Estar de pie con las piernas cruzadas por ejemplo, podría indicar una actitud defensiva, pero también que la persona ha estado parada durante mucho tiempo y trata de aliviar el peso apoyándose sobre un pie. De igual manera, el que tu interlocutor se rasque la nariz puede indicar que se siente incómodo o que lo hace porque le pica y tiene que rascarse. Así que no todo gesto esconde un mensaje alterno.

La segunda razón es porque la interpretación de los gestos con mucha frecuencia se presta a ambigüedades. Quizá tocarse el rostro muy seguido sea un signo de nerviosismo, pero nerviosismo ¿de qué? Eso lo descubrirás solo en el contexto de la conversación.

Y la tercera razón surge del hecho de que, de por sí, las personas, por lo general, no son ingenuas: o bien han leído que los gestos revelan sentimientos; o lo saben de una forma instintiva y por tanto pueden cambiar deliberadamente el lenguaje corporal para transmitir la impresión que desean.

El único medio para descubrir el verdadero significado del lenguaje corporal de nuestro interlocutor es prestándole atención a todo el mensaje, escuchando con genuino interés y siendo siempre honestos e íntegros en la comunicación de nuestras propias ideas y sentimientos.

Plan de acción:

Toma un tiempo para examinar los diferentes elementos de tu expresión corporal y determina si:

1. ¿Están ellos dándole fuerza a tu mensaje o se la están restando? ¿Tienes hábitos como parte de tu lenguaje no verbal que quizás estén enviándole señales equívocas a tu interlocutor?

2. ¿Comunica tu postura seguridad y convicción? ¿Sonríes o frunces el ceño mientras escuchas? Examina todos los aspectos de tu lenguaje corporal para que cambies y mejores lo que no te ayuda en tu proceso comunicativo.

3. Hay un dicho que dice: "Ríe y el mundo reirá contigo". Es sencillo, la sonrisa es contagiosa y tiene un efecto relajante tanto en quien habla como en quien escucha. Cuando sonríes mientras hablas, proyectas mayor seguridad y confianza en tu voz. Ten presente que, si tu rostro está tenso o refleja enfado o preocupación, no lograrás conectarte con el público.

20

Tu postura y tu apariencia personal

"No hay una segunda oportunidad
para causar una primera impresión".
—Oscar Wilde

En el año 1960 la contienda presidencial en Estados Unidos enfrentó al entonces vicepresidente republicano Richard Nixon con el Senador demócrata John F. Kennedy. Durante esa campaña electoral, por primera vez se televisó el debate entre ambos aspirantes. Según analistas, el encuentro fue profundo, inteligente y respetuoso.

Richard Nixon, segunda figura del gobierno de Dwight Eisenhower, no aceptó maquillaje. El Senador John F. Kennedy, sí. El aspirante republicano había sufrido una herida en una de sus rodillas semanas atrás y este incidente generó que, en muchos momentos, su postura no fuera la más correcta; además, la intensa luz de la televisión le provocaba sudoraciones continuas. Nixon se vio obligado a secarse reiteradamente la cara con un pañuelo, incluso en momentos en que hacía uso de la palabra.

Kennedy lució mejor. Tenía la piel dorada por el sol, logró un desenvolvimiento, al parecer, superior ante las cámaras y se manifestó de manera más natural, según los especialistas. Su porte y expresión corporal estaban más a tono con sus palabras. El mensaje de Kennedy, para aquellos que lo vieron, estuvo cargado de mayor coherencia. El primer debate presidencial transmitido por televisión fue presenciado, de acuerdo con cálculos de la época, por cerca de 70 millones de televidentes en Estados Unidos, una teleaudiencia nada despreciable en aquel tiempo.

Tras el encuentro, como ya se ha hecho costumbre, se producen los sondeos de opinión con el objetivo de tener una idea de los resultados del debate. Es entonces que aflora lo más interesante y aleccionador en el ámbito de la comunicación: la gran mayoría de los que escucharon el debate por la radio consideró que Nixon había superado a Kennedy por amplia ventaja. Sin embargo, los 70 millones que se sentaron delante del televisor vieron en Kennedy al hombre adecuado para la presidencia.

De ahí en adelante el lenguaje corporal, movido por la relevancia de la televisión, comienza a ocupar dentro de la política el lugar que le corresponde. No digo que Kennedy ganara las elecciones solo por su más convincente comunicación no verbal durante el debate pues estoy seguro de que los norteamericanos tuvieron en cuenta otras razones. Mi intención es destacar la importancia que reviste, estemos o no envueltos en la política, la postura física correcta y el dominio de un atinado lenguaje corporal.

En los capítulos anteriores nos hemos concentrado en lo que comunican los gestos, postura y movimientos de tu cara y tu cabeza. En este capítulo examinaremos la manera cómo influyen la postura total de tu cuerpo y tu apariencia personal en la receptividad de tu mensaje por parte de tu interlocutor.

Cuanto más tímido e introvertido seas, más consciente debes ser de lo que esté comunicando tu lenguaje corporal. ¿Qué comunica tu postura cuando estás rígido como un palo y mirando al suelo mientras hablas con tu interlocutor? La posición que le des a tu cuerpo, o qué tan cerca o lejos te sitúes de él, dice mucho sobre tus intenciones.

¿Estás cruzado de brazos o apoyas las manos en las caderas mientras hablas? ¿Te inclinas hacia adelante, hacia atrás o hacia un lado? Ten presente que todo esto revelará mucho acerca de ti, de tus intereses, temores, cansancio o aburrimiento, así como de tu aceptación o rechazo hacia la otra persona.

Es posible que tu postura y lenguaje corporal sean tan inexpresivos que emitan mensajes contradictorios. Ya sabes, si tus mensajes verbales y no verbales entran en conflicto, los componentes no verbales superarán el efecto de los verbales.

A la hora de la comunicación la cabeza también es una parte decisiva del cuerpo. A la cabeza acuden una vez tras otra los dedos y las manos para exteriorizar profundas emociones internas. Rascarnos la cabeza con los dedos de cualquier mano es síntoma de preocupación, de que pasamos por un momento embarazoso; llevarse una mano al mentón quiere decir que lo estamos pensando, que analizamos alguna propuesta; llevarse ambas manos a los laterales de la cabeza proyecta asombro. La cabeza, sola o en combinación con los dedos y las manos, es un arma certera del lenguaje corporal.

De igual importancia es lo que hacemos con los brazos mientras hablamos. Judi James, una de las más importantes especialistas en lenguaje corporal de la televisión británica, dice que expandir el cuerpo es la reacción más común en el reino animal a la hora de manifestar sentimientos de poder y dominio. Según James, ese gesto lo hace grande, lo expande. Quien lo ejecuta, toma espacio, se abre. Se trata de un gesto de apertura, de libertad, de confianza. Otro gesto de expansión, que contiene sentimientos de victoria y dominio es extender al máximo los brazos y levantarlos en forma de "V". El cuerpo se extiende hacia las alturas. Un corredor, cuando gana la competencia, levanta sus brazos tan pronto como llega a la meta. Se ensancha, extiende su estructura corporal todo lo que puede, mira al cielo y lo disfruta. Goza su victoria y nos dice: "¡Soy el mejor, cuánto orgullo!". Si, por el contrario, no gana, le invade una mezcla de impotencia e inseguridad. Y, tal y como hacen los animales, tiende

186 — Cala y Cruz: las dos caras de la comunicación

a empequeñecerse, a recogerse en sí mismo. El cuerpo se cierra y la mirada está dirigida al piso.

El uso de las manos es uno de los aspectos más importantes de la comunicación no verbal. ¿Qué haces con las manos mientras estás hablando? ¿Te las metes en los bolsillos, las entrelazas en tu espalda, agarras el bolso, juegas con tu pelo o les buscas un sitio y las dejas inmóviles hasta el final de la conversación? ¿Qué haces con el resto del cuerpo? ¿Te recuestas en tu asiento mientras escuchas o te sientas en la orilla y te inclinas hacia adelante? ¿Qué haces con las piernas y los pies?

Si le hiciéramos estas preguntas a un grupo de personas que no tiene mayores problemas para comunicar sus ideas en público, encontraríamos que es factible que cada una de ellas tenga una norma distinta respecto al uso correcto de estos elementos de la comunicación no verbal. La gente extrovertida, por ejemplo, no se detiene a pensar cuándo, cómo o dónde utilizar los componentes no verbales mientras habla, sino que lo hace de modo natural y espontáneo.

Ellos saben cómo comportarse, no porque se les haya instruido formalmente en estos aspectos, sino porque viven una amplia variedad de experiencias sociales en las cuales tienen la oportunidad de ver actuar a otras personas de diferentes maneras y a partir de estas observaciones adoptan las normas que consideran más adecuadas para ellos.

De la misma manera que el líder aprende a dirigir dirigiendo, el gran comunicador aprende a comunicarse con poder, entusiasmo y efectividad colocándose con frecuencia en medio de situaciones que le exijan comunicarse, observando a otros y desarrollando poco a poco las cualidades que caracterizan a los comunicadores efectivos.

Préstale atención al lenguaje corporal de quienes consideres excelentes comunicadores. ¿Cómo se paran cuando hablan? ¿Qué hacen con sus manos? ¿Mantienen ellos sus brazos cruzados o, por el contrario, asumen una postura abierta? Examina qué elementos de su lenguaje visual los hace comunicadores efectivos y determina cuáles de ellos hacen parte de tu propio repertorio. Haz un esfuerzo por incluir estos movimientos y lenguaje corporal en tu estilo personal de comunicación. Recuerda que la gran mayoría de estos elementos es aprendible. En principio, es posible que no logres hacerlo de manera adecuada, pero, con la práctica, llegará a ser parte de tu estilo natural al comunicarte.

La primera impresión es la que cuenta

Hay un adagio popular que dice que la primera impresión es la que cuenta. Esto es cierto, nunca recibiremos una segunda oportunidad para lograr una primera buena impresión. La impresión que transmites durante los primeros dos segundos es tan fuerte que te toma casi otros cuatro minutos para agregarle un 50% más a esa primera impresión. Y ¿sabes qué? Esos dos primeros segundos son casi en su totalidad visuales porque en dos segundos no has tenido la oportunidad ni de abrir la boca.

Durante las entrevistas de trabajo, los entrevistadores suelen decidir a qué aspirante contratarán durante los cuatro primeros minutos de sus entrevistas aunque tales encuentros tengan una duración de media hora o más. En el 80% de los casos ellos toman la decisión incluso antes de que el aspirante haya dicho una sola palabra. Y en muchas ocasiones el entrevistador ni siquiera ha examinado la hoja de vida del aspirante y todavía no posee ninguna información sobre sus capacidades. La decisión la ha tomado basándose en su aspecto y apariencia física.

Todos y cada uno de nosotros evaluamos mentalmente con frecuencia a aquellas personas con quienes entramos en contacto. Uno de los parámetros que casi siempre utilizamos para llevar a cabo esta evaluación tiene que ver con su postura: cómo luce, cómo se para, cómo se viste, cómo es su apariencia personal. Eso quiere decir que, en esos primeros segundos de comunicación, inclusive antes de decir la primera palabra, si tu apariencia ha dado una mala impresión, te va a tomar un largo tiempo modificar la imagen que proyectaste.

Tus movimientos también juegan un papel importante en la manera como tu interlocutor percibe tu mensaje. Movernos de un lado a otro mientras hablamos distrae y crea ansiedad en nuestro interlocutor y no nos permite lograr un contacto visual apropiado.

Un problema de postura muy común es pararnos colocando todo el peso de nuestro cuerpo en una pierna. De acuerdo con los expertos en expresión corporal esta postura dice: "Yo no quiero estar aquí" y esto, como es de esperar, te distancia de los demás. Otros suelen ser estáticos y se anclan a un solo lugar mientras hablan, lo cual también debilita su mensaje y le resta dinamismo.

Según la kinésica, que es la ciencia que estudia la comunicación a través de los movimientos del cuerpo, las piernas también hablan. Ellas, encargadas de sostener el resto de la armazón corporal, constituyen otro elemento capaz de transmitir las más variadas sensaciones humanas, entre las más comunes: nerviosismo, inseguridad, confianza, dominio no solo de sí mismo, sino también del entorno. Según la posición que adopten, las piernas aprueban, comparten criterios y hasta expresan deseos. Mover incesante e inconscientemente un pie o toda la pierna, lo mismo estando parados que sentados, es una manifestación de intranquilidad muy fácil de detectar porque es un comportamiento gestual destinado a liberar estrés, a descargar toda la inquietud que en ese momento encierra nuestro cuerpo.

Según los estudiosos, cuando permanecemos de pie y nos invade el deseo de marcharnos, por lo general, colocamos el pie mejor ubicado, de una manera que dirija su punta hacia la puerta o el lugar por donde queremos escapar. También adoptamos esa posición cuando alguna persona presente nos llama la atención. Cuando permanecemos parados, tendemos a señalarla con la punta del pie. Ese es un gesto comprometedor pues devela deseo, atracción física.

Cuando conversamos sentados, en reiteradas ocasiones adoptamos una posición muy común: levantamos una pierna y apoyamos su tobillo sobre el muslo de la otra. Esa es una postura muy normal, diría que hasta recurrente. En el supuesto caso en que estemos hablando con otra persona sentada al lado nuestro, si estamos de acuerdo con lo que dice, nos inclinamos a levantar la pierna que colocará el pie más cerca de ella. De lo contrario, si discrepamos o no nos interesa, levantamos la pierna que más le aleje el pie.

¿Por qué? Porque los ojos lanzaran la mirada en la misma dirección que señala el pie. Al menos esa es la norma. Y esquivarán a la otra persona; los ojos harán un giro al lado contrario produciéndose así un doble rechazo, el gestual y el visual.

En una manada de gorilas, cuando el macho dominante quiere demostrar su poderío y gritar a los cuatro vientos: "¡Aquí mando yo!", se pone de pie, se yergue todo lo que puede, abre los brazos, se golpea varias veces el pecho con los puños cerrados y abre las piernas. En las personas sucede igual, porque, tanto para los simios como para nosotros, abrir las piernas, tanto de pie como sentados, transmite seguridad, poder, dominio.

Cuando las recogemos, proyectamos todo lo contrario. Nos recogemos por desconfianza, miedo o derrota. En estos casos, lo primero que hacemos es el gesto involuntario de cruzar las piernas y proteger los genitales. Ocurre tanto en la mujer como en el hombre. Abrir las piernas, como el gorila o como el boxeador que gana una pelea, exhala confianza, ausencia de temor, grandeza, dominio. Sin embargo, debemos tener mucho cuidado a la hora de transmitir este mensaje gestual porque puede exteriorizar signos, a veces erróneos, de prepotencia y arrogancia. Tiende a perjudicar nuestra imagen, sobre todo cuando asistimos a una entrevista de trabajo o hablamos frente a un grupo.

Examina siempre tu postura porque es común que el cuerpo tienda a relajarse más de lo debido y a veces en una situación donde debes proyectar seguridad puedes encontrarte, sin quererlo, con los hombros caídos y una postura débil. Ten presente en todo momento que las personas sacan muchas conclusiones acertadas o erradas acerca de tu actitud, tu confianza o tu preparación basándose más que todo en tu postura. Es una lástima que muchos transmitan con ella un mensaje equivocado y negativo a pesar de estar sintiéndose confiados y seguros.

Hasta ahora nos hemos referido más que todo a la necesidad de transmitir, o sea, a cuando estamos interesados en comunicar; pero dominar el lenguaje corporal es básico también a la hora de escuchar. Si no dominamos la forma en que los demás hablan con su cuerpo, cuando sea nuestro momento de escuchar, dejamos de percibir elementos esenciales del mensaje que nos envían. Al prestarle atención a alguien que habla y domina su lenguaje corporal, nuestro entendimiento es mayor, captamos el mensaje con más facilidad porque inciden en nosotros todas las particularidades que definen la acción de comunicar. O sea, la verbal y la no verbal en toda su dimensión. El dominio del lenguaje corporal es esencial para el que habla, pero lo es además para el que escucha.

Tu manera de vestir es también importante. Hay un adagio que dice que entre gustos no hay disgustos, pero muchos de nosotros no le prestamos suficiente atención a la manera en que vestimos. Antes de salir de tu casa, toma un minuto para mirarte al espejo. Entiende que la persona que estás viendo al otro lado del cristal es la misma que los demás van a ver. Pregúntate: "Si un 55% de la credibilidad que los demás tendrán hoy en lo que yo diga depende de la imagen que proyecte ¿me están ayudando mi apariencia personal y mi manera de vestir, o están enviando el mensaje equivocado?".

Nota de Camilo:

Hace algunos años estaba buscando un contador para que trabajara en mi empresa. Cuando entrevisté al primer candidato, bastaron solo diez segundos para llegar a la conclusión de que sus conocimientos eran obsoletos y sus ideas demasiado anticuadas. Sin embargo, después de que salió de la oficina, me di cuenta de que la única razón por la cual pensé que sus conocimientos eran anticuados fue por su vestuario anticuado. A nivel inconsciente, le tomó apenas unos segundos a mi cerebro primario llegar a la conclusión de que, si su manera de vestir era anticuada, pues era bastante probable que sus ideas también lo fueran. Bastó ese detalle para poner una barrera entre él y yo. ¿Qué crees tú? ¿Es justo este juicio? Por supuesto que no. Pero ¿sabes qué? Justo o no, esa es la manera en que opera nuestro cerebro primario y el de todo el mundo. Por eso, cuida tu postura, tu apariencia personal y tu manera de vestir.

Tu postura y el espacio personal de tu interlocutor

¿Te has puesto a pensar qué está comunicando tu postura cuando estás hablando ya sea que estés sentado o te encuentres de pie? En general, tanto las personas agresivas como las seguras adoptan posturas abiertas, expansivas y cómodas, mientras que las sumisas e inseguras se cierran sobre sí mismas y adoptan posturas incómodas que las empequeñecen.

A menudo, cuando dos personas hablan, se acomodan en posturas idénticas. Sin darse cuenta, se apoyan sobre su escritorio o se sientan en una silla adoptando la misma posición, de manera que su postura es un reflejo de la del otro. De ese modo revelan y confirman su mutua empatía. Este tipo de imitación suele producirse de modo natural e inconsciente, pero tú puedes hacer uso consciente de ella. Si, por ejemplo, tienes una reunión importante con un cliente para presentarle tu negocio o producto, procura imitar su postura de tal manera que crees empatía con él.

Obviamente, el objetivo es que este proceso suceda de la manera más natural posible. Ten presente que el objetivo es crear confianza. Si tratas de imitar a alguien que tenga un estilo comunicativo dominante, es muy probable que tu imitación lo incite a mostrarse más autoritario. De hecho, si eres demasiado evidente, terminarás por lucir poco sincero.

Otro aspecto importante tiene que ver con la distancia que te separa de tu interlocutor. La gran mayoría de la gente se sentirá incómoda si te sitúas demasiado cerca de ellas al momento de hablarle. De acuerdo con algunos científicos, esto sucede porque el espacio que una persona permite entre sí misma y otros representa un equilibrio entre el calor que siente por los demás y la amenaza potencial que ellos puedan representarle.

¿Qué piensas de la siguiente situación? Imagínate que estás sentado a solas en una gran sala de espera. Entra otra persona que, ignorando todas las sillas desocupadas, se sienta a tu lado y se queda mirando fijamente al vacío, en silencio. Es casi seguro que dicho comportamiento te haga sentir algo incómodo. No obstante, mientras no te moleste, no tienes ningún motivo para quejarte ya que ella puede sentarse donde quiera.

La verdadera razón por la cual te sientes incómodo es porque esa persona ha ignorado el convencionalismo de que todos necesitamos una cierta distancia mínima entre nosotros y los demás. Todos hemos llegado a aceptar que el espacio que se encuentra a 50 cm. a nuestro alrededor es un espacio íntimo, reservado para nuestra pareja, los hijos y los miembros de la familia.

Entre los 50 cm. y 1 m. de distancia hay una zona personal donde tienen lugar las conversaciones con amigos y conocidos. Sin embargo, las conversaciones más formales, presentaciones de negocios o interacciones con desconocidos se producen dentro de la zona social, que se encuentra entre 1 y 3 m. de distancia.

De hecho, si sientes que alguien se acerca demasiado e invade tu espacio personal, seguro tendrás la tendencia a retroceder para mantener la distancia. De la misma manera, cuando alguien invada nuestro espacio íntimo, evitaremos el contacto visual y lo trataremos como si no existiera para mostrar nuestra desaprobación.

Si mientras hablas con otra persona notas que ella retrocede un paso cuando empiezas a hablar, ese hecho quizás indique que te has acercado demasiado y estás siendo agresivo. La solución es retroceder un poco.

Sin embargo, ten presente que, si siempre retrocedes ante los demás, te arriesgas a dar una impresión de hostilidad y frialdad. Si deseas crear calidez y confianza en tu comunicación interpersonal, debes estar preparado para permitirles a otros entrar en tu espacio personal y actuar con respeto al momento de querer entrar al suyo.

Plan de acción:

....

Ten siempre presente que la imagen que los demás se formen de nosotros, a partir de una primera impresión, es la que generalmente perdura ya sea al "hablar en público" o en cualquier tipo de reunión o entrevista. Por lo tanto:

1. En los primeros segundos de cualquier conversación tu interlocutor habrá formado un 50% de la imagen de quién cree él que eres. Por esto debes cuidar de que tu imagen siempre refleje lo que de verdad quieres comunicar sobre tu actitud y talentos, y sobre ti mismo.

2. Tu postura, modo de vestir y actuar determinan la manera como los demás te ven; aunque las palabras que utilices sean importantes en el proceso comunicativo, tu postura y apariencia personal reafirman o contradicen tu mensaje oral. Recuerda que todos evaluamos mentalmente a las personas con las que nos relacionamos para buscar en sus gestos y apariencia externa el verdadero significado de sus intenciones. Cuando vemos posturas, gestos o aspectos externos incongruentes con lo que nos están diciendo, tendemos a prestarle menos atención a lo que hemos escuchado.

3. No olvides la importancia de respetar el espacio personal de los demás. La próxima vez que estés hablando con alguien toma un instante para examinar qué tan cerca estás de él o ella. Recuerda que la proximidad o el distanciamiento de tu interlocutor son cruciales, si quieres proyectar las señales correctas. Si invades su espacio, es posible que él o ella sientan nerviosismo, enfado, irritación o temor, así no lo expresen, lo cual, como es de esperar, no contribuye a la buena comunicación. De otro lado, si estás demasiado alejado, corres el peligro de ser tildado de indiferente y

frío. Una buena manera de juzgar las distancias es que, si te acercas a una persona y esta se aleja, es probable que estés demasiado cerca de su zona de comodidad, por lo tanto, aléjate un poco para relajar la interacción.

21

Incongruencia entre el lenguaje hablado y el corporal

"Dado que el lenguaje se presta para la deshonestidad tiene sentido privilegiar los signos no verbales sobre las palabras solas cuando se trata de reconocer el engaño".
—David Livingstone

El lenguaje del cuerpo humano es más complejo de lo que parece. De ahí la necesidad de practicarlo y estudiarlo con profundidad. No todo lo resolvemos teniendo en cuenta la llamada "atmosfera ambiental" de la que habla Julius Fast. Es imperioso saber dominarlo en toda su dimensión. En no pocas ocasiones, cuando hay descuido, las expresiones del cuerpo tienden a traicionar y proyectar un mensaje contrario al que en realidad nos interesa transmitir. El mensaje corporal que proyectamos es muy sensible. Sus límites están marcados por una muy fina y, en ocasiones, imperceptible línea. Cuando no cuidamos esos límites, se nos pueden escapar de las manos y jugarnos una mala pasada, incluyendo a los más avezados. El mensaje corporal descuidado contradice lo que estamos manifestando con palabras.

A veces, para sustentar lo que decimos, se requiere de dos o más gestos a la vez. Ese es el momento en que los términos se hacen más difusos. ¿Por qué? Porque en situaciones como esas, un gesto que se usa por norma para "reafirmar", puede "negarlo" todo y echar a perder en segundos la propuesta. Sucede así cuando las expresiones corporales no se corresponden unas con otras.

Casi siempre en estos casos entra en función la mirada y, por supuesto, los ojos, otra de las partes esenciales del cuerpo en este tipo de lenguaje. Los ojos, aunque hablan por sí solos, muchas veces se relacionan con gestos de otras piezas del cuerpo. Y no solo estos gestos del cuerpo han de coincidir con la expresión verbal, sino que deben concordar entre ellos mismos. Cuando sostenemos un diálogo o hablamos en público, la función de los ojos es básica. Nos puede delatar de forma irreparable y es tan básica como la misma postura del cuerpo.

Cuando acentuamos sobre alguna idea, pero en realidad estamos persuadiendo al interlocutor de otra distinta, o sea, cuando mentimos, un descuido de los gestos puede provocar cierta contradicción entre ellos mismos y ya no solo dejar de apoyar las palabras, sino rebatirlas y sacar a flote la "no verdad" de lo que estamos "afirmando". Ocurre así aunque hablemos con firmeza, sin síntomas de inseguridad o de torpeza y hasta con una óptima utilización de la paralingüística. Desde el momento mismo en que ya no hay congruencia entre los movimientos del lenguaje corporal, no valen para nada las intenciones fuertes ni las palabras bonitas.

Cuando entran en juego todos estos elementos, la integridad del mensaje se complica y no debemos correr el riesgo de descuidar la coordinación de las palabras, las intenciones, el volumen y el tono de voz con el lenguaje corporal y, a la vez, tampoco descuidar la coordinación entre los diferentes gestos que debe asumir el cuerpo, —en ocasiones más de dos a la vez. A este nivel de ejercicio de comunicación, el soberano quehacer de los ojos alcanza una magnitud insospechada. Ellos, por sí solos, tienen la virtud —a veces peligrosa— de revelar el contenido del alma, son un instrumento de comunicación infalible, pero, en el momento en que su actuación se conjuga con otros movimientos, se requiere un dominio yo diría que inmaculado para que no nos traicionen.

Plan de acción:

Aprender a detectar incongruencias entre el lenguaje verbal y el corporal resulta muy importante y útil, bien sea para asegurarnos de que hay total coherencia en el mensaje que estamos comunicando o para identificar posibles inconsistencias en el mensaje que estemos escuchando. Después de todo:

1. Es crucial que tengas en cuenta que, de la totalidad de lo comunicado, el mensaje visual influye en un 55% en las decisiones de quien escucha. Es indudable que lo que el lenguaje corporal comunica suele estar más cerca de la verdad que lo que las palabras están expresando ya que los seres humanos no siempre logramos controlar todas las señales que nuestro cuerpo está enviando.

2. Ten presente que los gestos, posturas y otras señales visuales deben interpretarse dentro del contexto de lo que se está comunicando y donde está ocurriendo la conversación. No saques conclusiones de un único gesto ya que este podría ser el resultado de diferentes causas. La sudoración excesiva no siempre es señal de nerviosismo; si alguien se cruza de brazos, no siempre es porque esté proyectando desacuerdo con tu propuesta. En lo que respecta a los gestos de la cara es arriesgado evaluarlos independientemente del mensaje verbal ya que podría dar lugar a malas interpretaciones.

Epílogo

Como habrás descubierto a lo largo de esta lectura, para comunicarnos con entusiasmo y efectividad es necesario que seas consciente de todos los aspectos de tu estilo personal de comunicación. El comunicador ideal habla con claridad, seguridad y confianza al mismo tiempo que escucha con atención y sensibilidad.

Es común que la gente se comunique sin mayores problemas o inhibiciones. Esto les hace pensar a muchos que son comunicadores efectivos. No obstante, hay quienes olvidan que la comunicación tiene dos caras igualmente importantes, y tienden a concentrarse exclusivamente en sus propias opiniones y sentimientos sin tener en cuenta las actitudes o emociones de quienes los escuchan y, como consecuencia, tienden a hablar demasiado y a escuchar poco, lo cual, no solo les impide establecer una conexión óptima con sus interlocutores, sino que los distancia de ellos.

Por su parte, las personas que se dan a conocer por su capacidad para "saber escuchar" suelen tener una mayor facilidad para observar y detectan señales sutiles que pasan desapercibidas para quienes intervienen más activamente en una conversación y sin embargo, a menudo no dedican toda su atención a quien habla y se fijan más en sus propias ansiedades y debilidades. Prefieren comunicarse por medio de insinuaciones e indirectas que expresarse con palabras e ideas claras.

Los grandes comunicadores son oradores efectivos e interlocutores atentos. Se expresan con claridad y seguridad en sí mismos, tanto si revelan sus emociones a alguien cercano como si analizan un problema en el trabajo o hablan con un grupo de amigos. Ellos escuchan con atención, por dos razones: porque desean comprender lo que les están diciendo y porque necesitan saber hasta qué punto los han comprendido bien. Al estar sintonizados con los demás, ellos desarrollan la habilidad de saber qué es lo más apropiado decir. Saben cuándo expresar su enojo y cuándo controlarlo con firmeza; cuándo atenerse a un argumento determinado o llegar a un compromiso, o cuándo darle vueltas a un tema o abordarlo directamente.

Es indudable que los grandes comunicadores se han ganado el aprecio de los demás porque abordan con cuidado aspectos sensibles y comprenden otros puntos de vista. Ellos están dispuestos a decir lo que piensan de forma directa y honesta sin ser rudos o insensibles.

Es vital que entiendas que toda la información que hemos compartido contigo a lo largo de este libro por sí sola no va a hacer de ti un mejor comunicador, de la misma manera en que alguien que no sabe nadar no se va a convertir en un gran nadador por el simple hecho de haber leído el mejor libro sobre natación. Si quieres ser un gran nadador, tarde o temprano vas a tener que saltar a la piscina, mojarte y arriesgarte a tomar uno o dos sorbos de agua.

De la misma manera, lo único que te convertirá en un gran comunicador es la práctica. Por esa razón te hemos pedido en cada capítulo que realices ciertos ejercicios y dinámicas que te ayuden a afianzar los conceptos presentados. Como con cualquier otra habilidad que quieras desarrollar, el secreto para convertirte en un gran comunicador es practicar, practicar y practicar. Y aunque es posible que esto exija de ti ciertas acciones y comportamientos que no han sido parte de tu personalidad, lo cierto es que tienes la capacidad de cambiar.

Así que toma estos principios y ponlos en práctica desde hoy mismo. Utilízalos para construir una gran carrera en el campo de las ventas. Permite que ellos te ayuden a fortalecer tu relación de pareja o tu comunicación con tus hijos. Aprovéchalos para incrementar tu efectividad como líder de tu equipo de trabajo o mejorar la comunicación con tus clientes y asociados.

Lee este libro hasta que sientas que has interiorizado los conceptos presentados en él y llévalos a la práctica de manera inmediata. Recuerda que la base de las relaciones humanas es la comunicación, y que estas tienen éxito o fracasan como resultado directo de tu capacidad para comunicar tus ideas, sentimientos y emociones.